AF377711

Manual de certificación

LEAN SIX SIGMA MANAGEMENT

Colección: GESTIONA
Director: David Soler

LEAN SIX SIGMA MANAGEMENT. MANUAL DE CERTIFICACIÓN
1.ª edición, 2021

© 2021, Luis Vicente Socconini Pérez Gómez
© de esta edición, ICG Marge, SL

Edita: Marge Books
València, 558 – 08026 Barcelona
Tel. 931 429 486 - marge@margebooks.com
www.margebooks.com

Coordinación de la edición: Karina Ahumada Serrano
Edición: Mercedes Lara
Impresión: Safekat, SL (Madrid)

Edición impresa: ISBN 978-84-18532-97-9
Edición digital: ISBN 978-84-18532-98-6
Depósito Legal: B 18976-2021

El papel empleado en este libro no ha sido blanqueado con cloro elemental (CI_2).

El autor

Luis Socconini

Es ingeniero industrial por el ITESM, campus Guadalajara. Tiene una maestría en Calidad y Productividad y es Master Black Belt.

Está Certificado en *Strategic Management* por la Universidad de Stanford, en *Leading Product Innovation* por la Universidad de Harvard y en *Industry 4.0* por el MIT.

Ha trabajado para la escuela de negocios de Wharton (Pensilvania), como consultor de empresas; en la Cervecería Grolsch, en Países Bajos, como ingeniero de procesos, y en IBM, como ingeniero de manufactura.

Como director de Lean Six Sigma Institute, desarrolla proyectos de alto impacto en empresas como Abbott Laboratories, Kraft Heinz, Coca Cola, BMW, Bimbo y Fender, entre otras. Desarrolla constantemente aplicaciones de productividad en distintos sectores como la construcción, la minería, la agricultura, la administración pública, la energía, los servicios, etc

Ha sido catedrático distinguido en varias universidades de prestigio en México.

Es autor de los manuales de certificación *Lean Six Sigma Yellow Belt, Green Belt* y *Black Belt;* de los libros *Lean Company* y *Lean Manufacturing;* así como coautor de *Lean Six Sigma Management System, Lean Energy, El proceso de las 5´S en acción* y *Lean Six Sigma Green Belt, paso a paso.*

SOCCONINI

www.socconini.com

Índice

Presentación

Estimado lector,

Le doy la más cordial bienvenida a nuestro manual para conseguir la **Certificación Lean Six Sigma Management** y deseo felicitarlo porque si usted tiene en sus manos este material, es porque quiere contribuir al desarrollo de la sociedad, mediante la mejora de la actividad de las empresas y, por lo tanto, del entorno económico.

Este manual nace desde la necesidad de compartir lo que en Lean Six Sigma Institute enseñamos a las personas que participan en procesos de formación: gerentes, propietarios, funcionarios, ingenieros, operadores y estudiantes. Todos ellos se capacitan para transformar los procesos clave de las empresas de hoy y diseñar el futuro.

Inicialmente, este manual solo formaba parte de los materiales que se entregan a quienes participan en los cursos de certificación que nuestro Instituto ofrece en diferentes lugares del mundo. En una conversación con nuestra directora de LSSI en España, ella sugirió que los manuales también podían distribuirse en librerías, de modo que cualquier persona pueda acceder a los conocimientos que están revolucionando el pensamiento empresarial y la manera de hacer negocios en el mundo actual. A este razonamiento se sumó que sabemos que mientras más personas estén capacitadas y, sobre todo, comprometidas con el nuevo espectro de posibilidades de diseño y mejora, las organizaciones serán más fuertes ante los nuevos retos que el mercado presenta.

En este manual usted encontrará una caja de herramientas sumamente útiles para desarrollar las actividades empresariales y de cualquier tipo de organización en el futuro. Las mismas son el resultado de la evolución de las mejores prácticas que se conocen y que han funcionado para crear verdaderos centros de negocios con un potencial ilimitado hacia el logro de los objetivos.

Encontrará herramientas gerenciales que los equipos directivos deben conocer y poner en práctica para desarrollar las estrategias, evaluar los resultados, diseñar la estructura organizacional, desarrollar su personal y una nueva forma de entender la contabilidad y los costos reales.

También hallará herramientas básicas que todo colaborador debería poner en práctica a fin de prepararse para la mejora continua y que deben ser aplicadas a todo tipo de organización.

Y, finalmente, encontrará herramientas y situaciones para perfeccionar sus procesos e implementar mejoras enfocadas a crear una diferencia significativa en resultados de calidad, costo, tiempo de entrega, seguridad y productividad.

La filosofía, las metodologías y las herramientas presentadas en este manual, le permitirán comprender con facilidad cómo deberían funcionar las empresas del futuro y, por lo tanto, le facilitarán que usted participe como agente del cambio y para producir los resultados merecidos por la empresa o institución en la que desarrolla su actividad profesional.

El objetivo de este manual es que mediante herramientas sencillas y prácticas, usted entienda, aplique y también enseñe a sus colegas y colaboradores nuevas formas de trabajar, con la consiguiente generación de historias de éxito, y que de una manera contundente se puedan afrontar las complejidades de los nuevos entornos empresariales.

Le agradezco mucho la confianza de darnos la oportunidad de poner a su disposición un material de alta calidad y ampliamente contrastado, y de otorgarnos la responsabilidad de ayudarlo en este camino que se inicia pero que nunca se termina, en un mundo en el que la mejora es opcional pero el progreso está en su decisión.

Luis Socconini
Director y fundador de Lean Six Sigma Institute

Introducción a Lean Six Sigma

Ante la llegada de vientos de cambio y crisis, hay quienes se preocupan de hacer refugios. Y hay quienes se preparan y construyen molinos para aprovechar la fuerza del viento.

Objetivos

1. Entender las características generales de Lean Six Sigma (LSS).
2. Comprender la importancia de mejorar la productividad a través de la eliminación de desperdicios y la variabilidad.
3. Conocer el proceso de implementación y cómo gestionar el cambio.
4. Desarrollar mentalidad de liderazgo y establecer la estructura necesaria para la consecución de resultados.

Contenidos

> Antecedentes
> Modelos de desarrollo de negocio
> ¿Qué es Lean Six Sigma?
> Modelo de desarrollo de negocios
> Gestión del cambio
> Roles y estructura
> Liderazgo

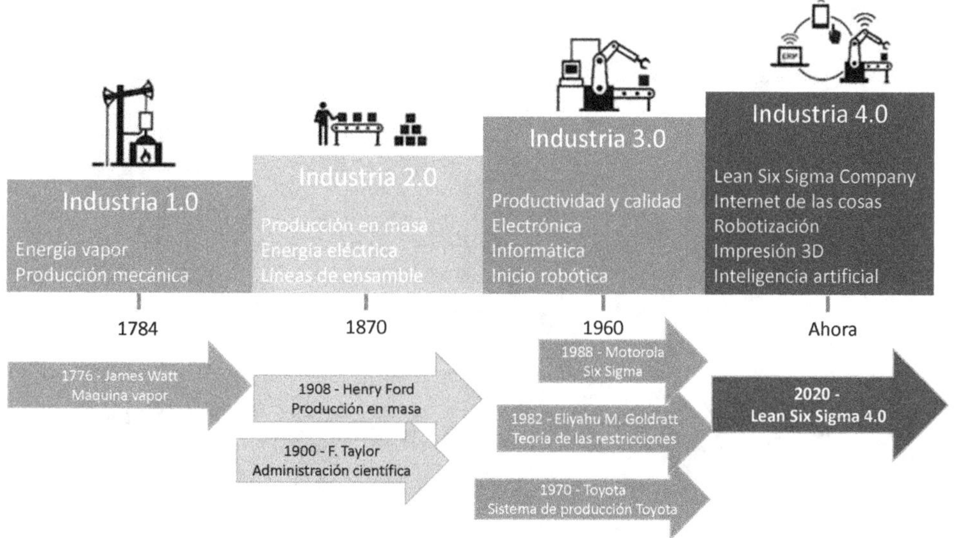

- En la actualidad, las empresas que siguen siendo:
  - Lentas para entregar sus productos o servicios.
  - Tienen constantes quejas y rechazos.
  - Su calidad es inconsistente.
  - Su trato al cliente es malo.
  - Sus precios y costos son altos.
  - La comunicación es deficiente.

¡Están destinadas a desaparecer!

«Ya no son los grandes los que se comen a los chicos,
sino los rápidos a los lentos.» Jason Jennins

Elementos de la industria 4.0

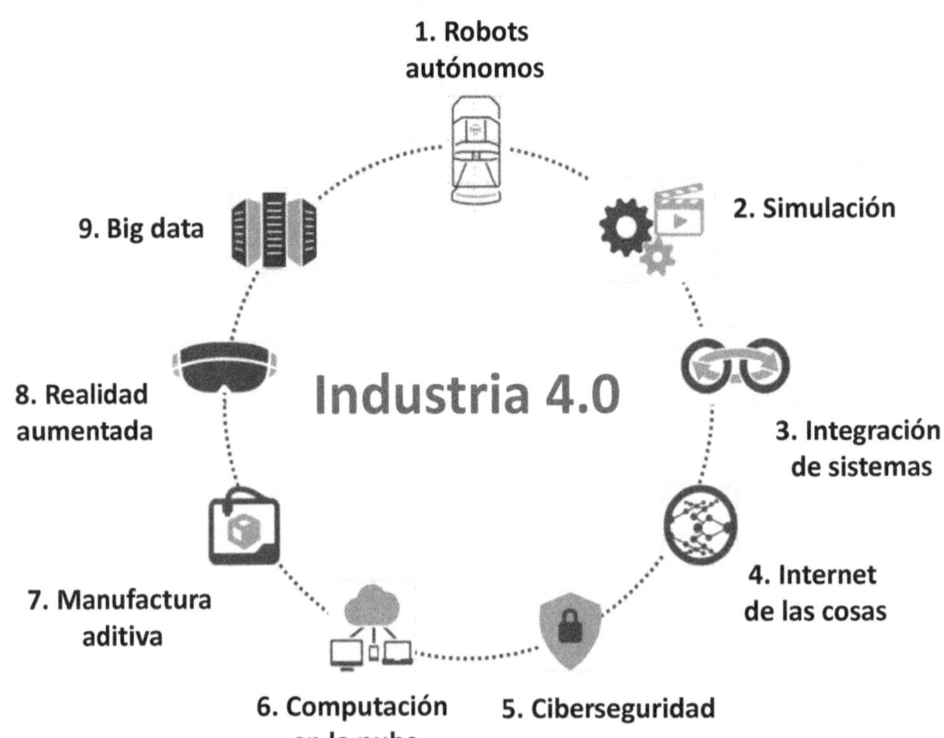

Enfoque Lean Six Sigma

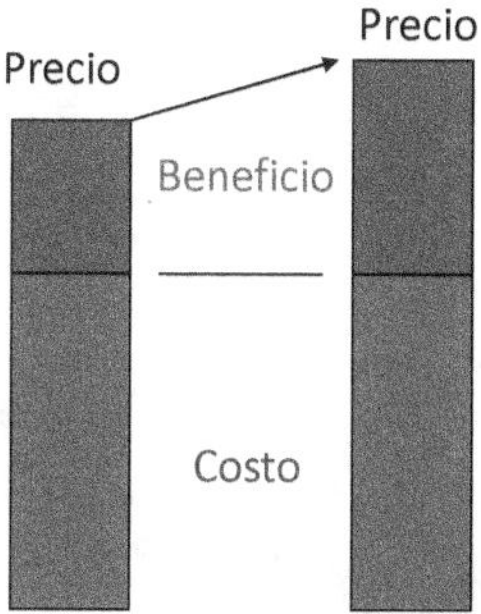

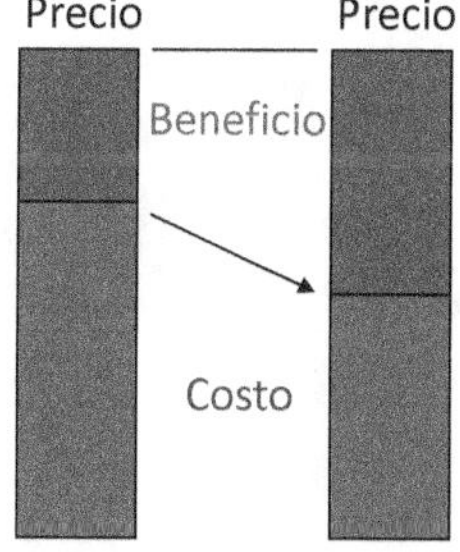

Mantener el precio sin sacrificar el beneficio

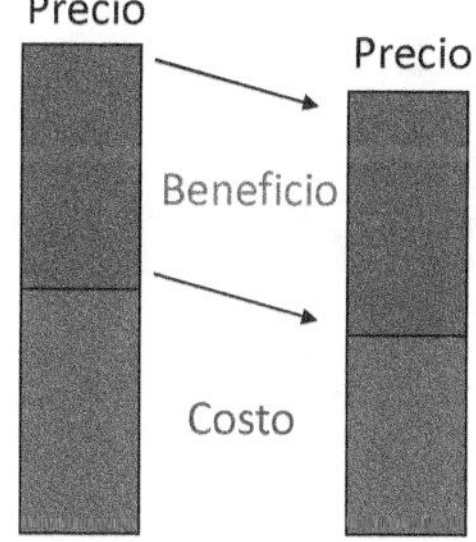

Bajar el precio sin sacrificar el beneficio

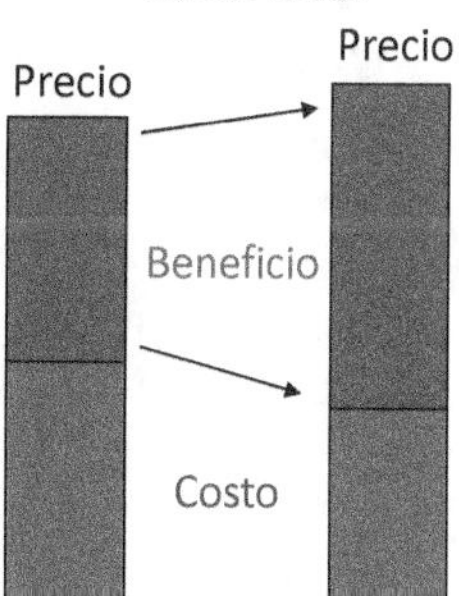

Aumentar precio y aumentar el beneficio

Pensamiento Lean Six Sigma

Precio – Costo = Beneficio

La clave para mejorar los beneficios:
reducir los costos e incrementar las ventas.

Modelo de productividad

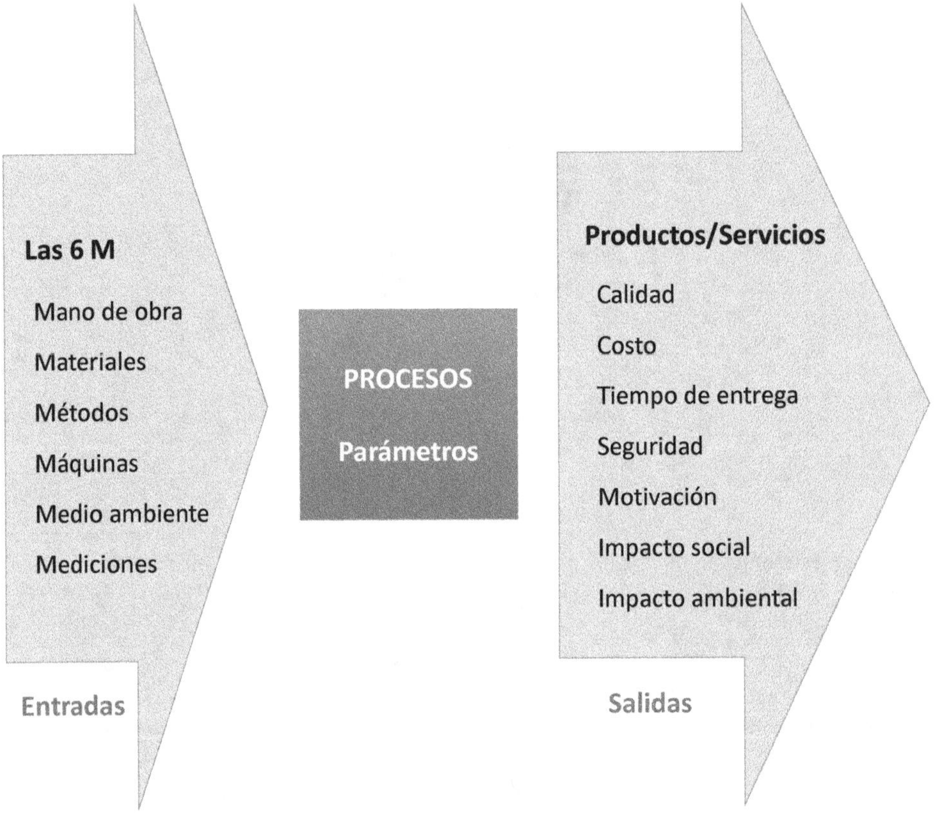

Las 6 M

Mano de obra

Materiales

Métodos

Máquinas

Medio ambiente

Mediciones

Entradas

PROCESOS

Parámetros

Productos/Servicios

Calidad

Costo

Tiempo de entrega

Seguridad

Motivación

Impacto social

Impacto ambiental

Salidas

$$\text{Productividad} = \frac{\text{Salidas}}{\text{Entradas}}$$

Métodos para incrementar la productividad

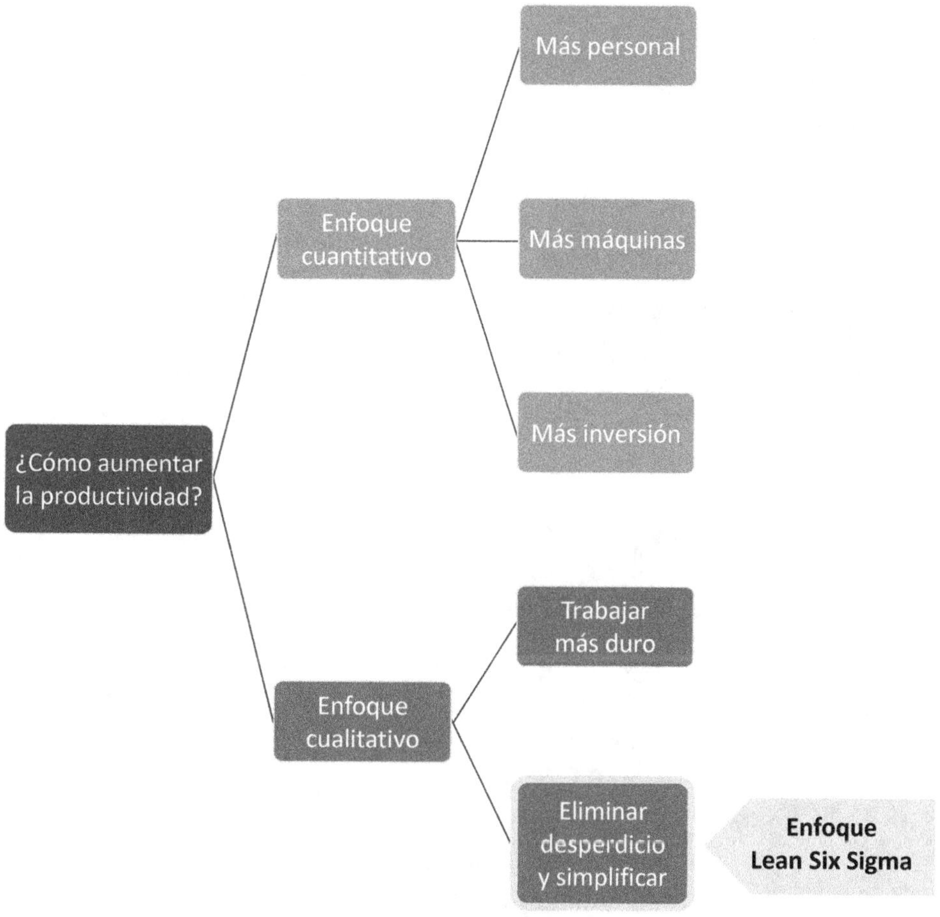

Limitantes de la productividad

Muri
Sobrecarga

- Trabajos pesados
- Estrés en el trabajo
- Riesgos

Mura
Variabilidad

Variación total

- Combinación de la variación de todas las entradas de los procesos

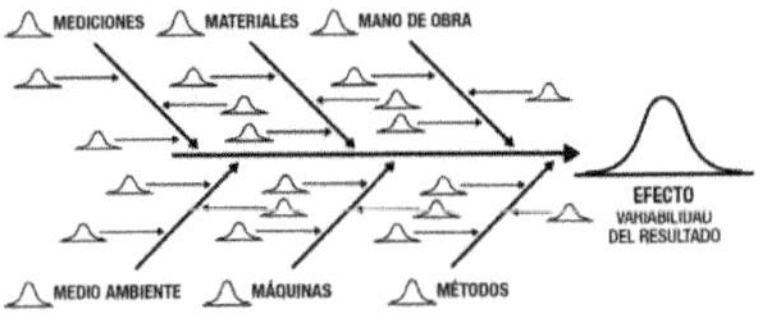

Muda
Desperdicio

- Sobreproducción
- Sobreinventario
- Productos o servicios defectuosos
- Movimiento de personas
- Procesos innecesarios
- Esperas y búsquedas
- Transporte
- Energía
- Talento sin acción
- Contaminación

Aplicar Lean Six Sigma

Eliminar sobrecarga, variabilidad y desperdicio.

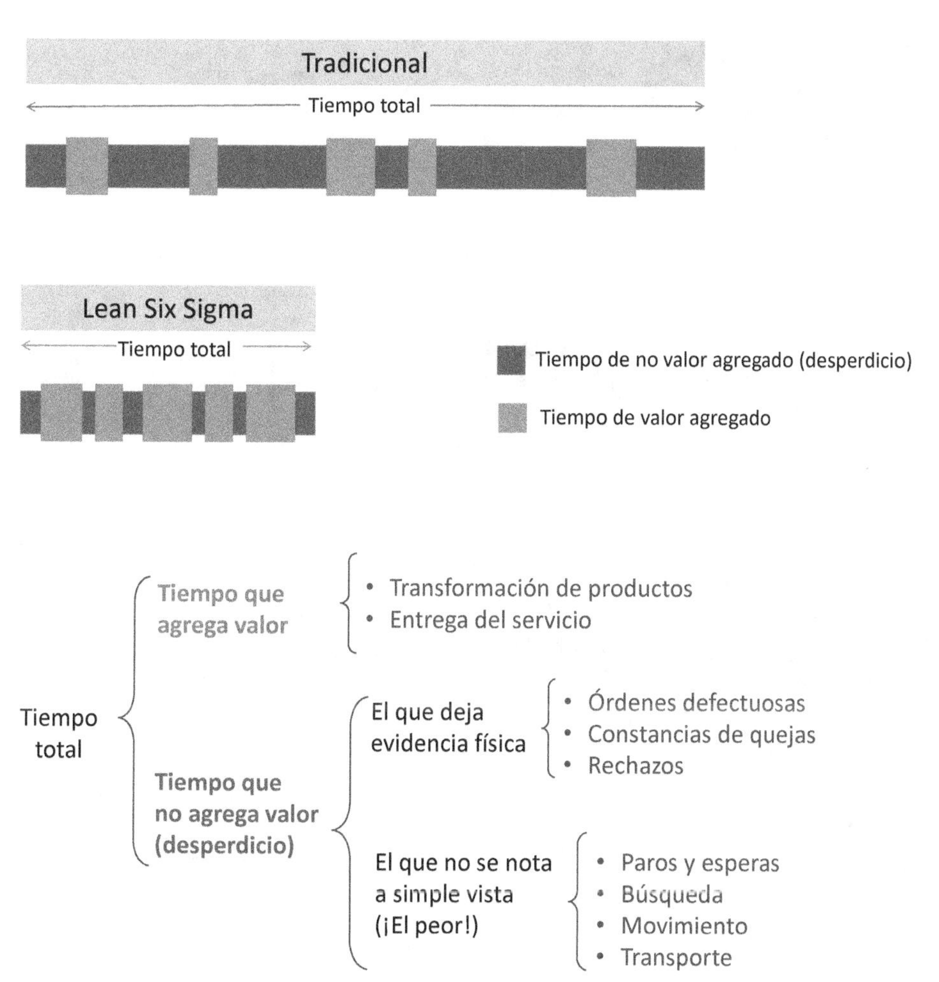

Reducir: tiempo, costos, defectos, inventario, espacio, desperdicio.

Aumentar: productividad, satisfacción del cliente, calidad, flujo caja.

Modelo de desarrollo de negocios

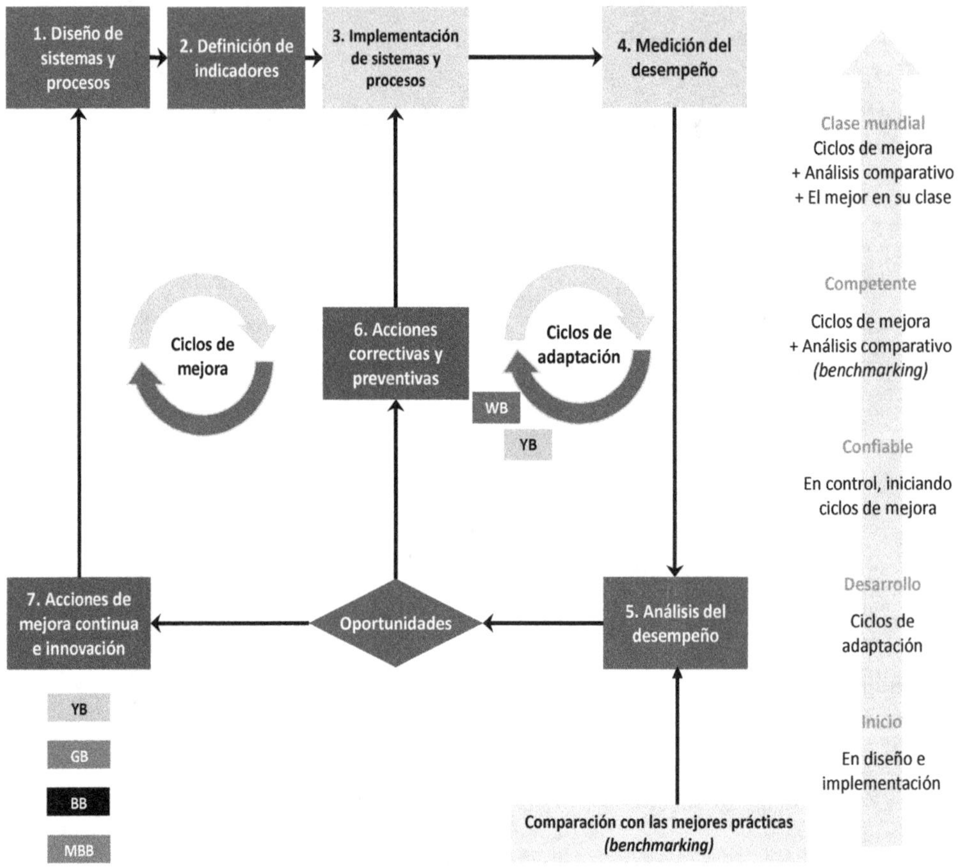

LSSI
LEAN SIX SIGMA INSTITUTE

¿Qué es Lean Six Sigma?

Lean = Velocidad

Mejorar el *flujo* mediante la eliminación del desperdicio.

Six Sigma = Calidad

Mejorar el *proceso* mediante la reducción de la variación.

La puerta al templo de la productividad

Metas:
Satisfacción del cliente, rentabilidad sostenida
beneficio social, empresarial y personal

Velocidad

- Flujo continuo
- TPM
- Preparaciones rápidas
- Sistema *pull*

Calidad

- *Andon*
- *Jidhoka*
- *Poka Yoke*
- Six sigma
- AMEF
- Solución de problemas

Enfoque en la restricción (TOC)

Estabilidad: orden y limpieza, gestión visual, estandarización, etc.

Liderazgo: estrategia, estructura, gestión de talento, VSM, etc.

Beneficios

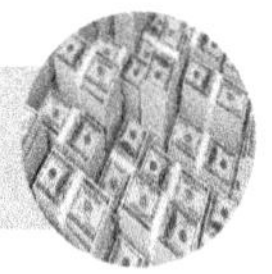

Beneficios materiales
(hard savings)

- Mejorar las ventas
- Reducir los costos
- Incrementar la rentabilidad
- Reducir el inventario
- Entregar a tiempo
- Aumentar la productividad
- Mejorar el flujo de efectivo
- Mejorar la calidad
- Reducir defectos y correcciones
- Mejorar el uso del espacio

Beneficios intangibles
(soft savings)

- Enriquecer la comunicación
- Mejorar la satisfacción de los clientes y del personal
- Reducir la rotación de empleados
- Mejorar la seguridad y reducir los riesgo
- Potenciar las ideas individuales y de equipo
- Consolidar la cultura implementada
- Mejorar la disciplina
- Acrecentar el apego a los procesos
- Progresar en la toma de decisiones

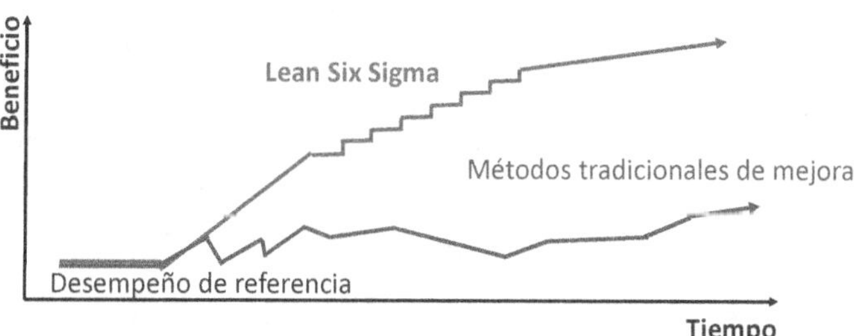

Lean Six Sigma ofrece un salto significativo en la **mejora.**

Aplica a toda la compañía

	LEAN SIX SIGMA COMPANY				
Herramientas	**Dirección**	**Desarrollo humano**	**Investigación y desarrollo**	**Ventas y marketing**	**Contabilidad y finanzas**
Estratégicas	Todos los procesos utilizan las herramientas gerenciales para definir estrategias, indicadores, desarrollar proyectos, diseñar el trabajo de líderes y reconocer oportunidades.				
Hoshin kanri					
Estructuras por cadenas de valor					
Desarrollo de talento					
Scrum					
Trabajo estándar de líderes					
Kata					
Caminata *gemba*					
Tácticas	Todos los procesos utilizan las herramientas básicas para integrarse como equipos, comunicarse y desarrollar mejoras				
5 S					
Andon (gestion visual)					
Trabajo estandarizado					
4Q (análisis de los 4 cuadrantes)					

LEAN / **SIX SIGMA**	Dirección	Desarrollo humano	Investigación y desarrollo	Ventas y mkt.	Contabilidad y finanzas
DMAIC	Planificación	Atracción de talento	Desarrollo de productos	Campañas	Presupuesto / Costos
	Gestión estratégica	Desarrollo de talento	Lean Startup	Encuestas	Inventarios / Nóminas
Herramientas Lean Six Sigma	Toma de decisiones		Diseño para Six Sigma	Six Sigma Pricing (fijacion de precios)	Facturación / Crédito / Pagos
				Lean Retail (comercial)	Estados financieros

Compras	Servicios	Producción	Mantenimiento	Logística	Calidad	Departamento informática

Compras	Servicios	Producción	Mantenimiento	Logística	Calidad	Departamento informática
Desarrollo de proveedores	Lean Service (servicios)	Lean Manufacturing (producción)	Autónomo	Recibo	Despliegue de calidad	Hardware
				Almacén		
Compras			Preventivo	Rutas	Sistema de calidad	Software
				Carga		
Almacén			Predictivo	Transporte	Calibración	Comunicación
			Fnergía			Asistencia al usuario

Aplica a cualquier industria

- Alimentación
- Electrónica
- Metalúrgica
- Servicios
- Automoción
- Administración pública
- Agricultura

- Farmacéutica
- Bancos y aseguradoras
- Hoteles y restaurantes
- Salud
- Construcción
- Cosméticos
- Educación

- Plásticos
- Lubricantes
- Logística y aduanas
- Calzado
- Textil
- Impresión
- Fundición

LEAN MANAGEMENT	WHITE BELT	YELLOW BELT	GREEN BELT	BLACK BELT	MASTER BLACK BELT

Tradicional *versus* Lean Six Sigma

Tradicional

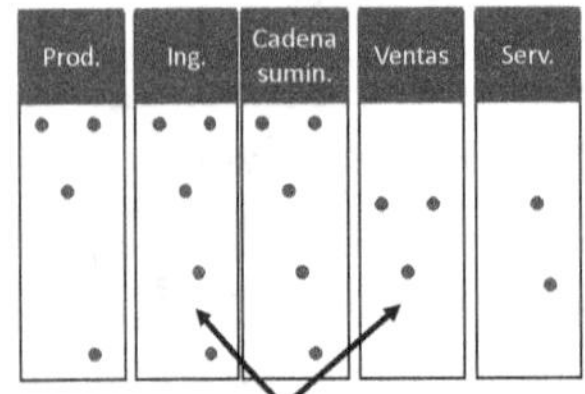

Proyectos aislados
por departamento

Lean Six Sigma

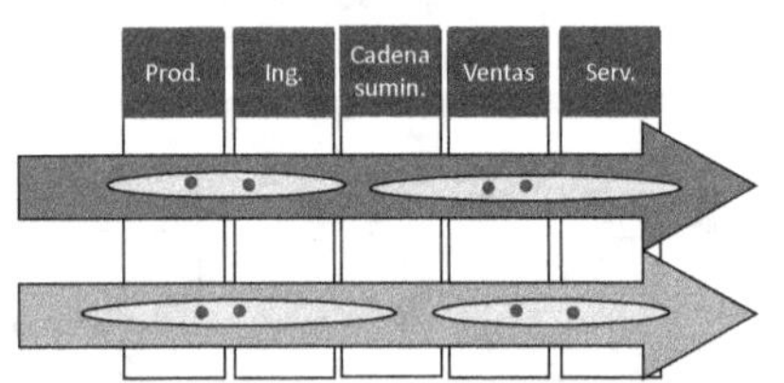

Pocos proyectos de alto impacto
en la cadena de valor

«Si pudiera cambiar la forma en que lo implementamos,
empezaría con Lean y luego Six Sigma.» Jack Welch, ex CEO General Electric

LSSI
LEAN SIX SIGMA INSTITUTE

Modelo de transformación

Proceso de implementación

1 a 3 meses	4 a 6 meses	1 a 2 años	1 a 2 años y en adelante
Preparación	**Fase piloto**	**Cadenas de valor**	**Empresa Lean Six Sigma**

Preparación

- Evaluación inicial
- Entrenamiento inicial
- Desarrollo *hoshin kanri*
- Definir el equipo líder
- Mapa de la cadena de valor (VSM)
- Seleccionar un piloto
- Diseño del plan inicial
- Comunicar el plan
- Evento de inicio

Fase piloto

Herramientas básicas
- 5 S, *andon*, gestión personal, trabajo estandarizado, *poka yoke*

Herramientas mejora, solución
- A3, AMEF, flujo continuo, TPM, SMED, *kanban*, estadística, etc.

Certificar
- WB, YB
- Proceso piloto

Cadenas de valor

- Diseñar la cadena de valor
- Implementar en oficinas

Desplegar a todos los procesos
- Contabilidad
- Recursos humanos
- Ventas y mercadotecnia
- Logística
- Producción
- Servicio
- Departamento de informática
- Calidad
- Mantenimiento

Certificar
- *Yellow Belt, Green B, Black B*
- Cadena de valor

Empresa Lean Six Sigma

Certificación
- Procesos
- Cadenas de valor
- Compañía

Gestión del cambio de John Kotter

- Analizar el mercado
- Analizar la competencia
- Identificar posibles riesgos y oportunidades

- Desarrollar la visión
- Desarrollar estrategias para llevar a cabo la visión

- Evitar obstáculos
- Mejorar y modificar la estructura
- Potenciar la toma de riesgos

- Potenciar el crecimiento de otras áreas
- Evaluar constantemente los resultados
- Apoyar los procesos exitosos

1. Crear sentido de urgencia

3. Establecer una visión clara

5. Empoderar a otros

7. Consolidar mejoras y continuar con los cambios

Preparación → Fase piloto → Cadenas de valor → Empresa Lean Six Sigma

2. Crear un equipo guía

4. Comunicar la visión

6. Asegurar victorias a corto plazo

8. Institucionalizar los nuevos enfoques

- Formar un grupo de individuos influyentes y responsables
- Trabajar en equipo

- Comunicar y compartir la visión y la estrategia
- Conformar un equipo líder

- Planificar mejoras de rendimiento
- Establecer y anunciar victorias
- Recompensar a las partes responsables

- Enfocarse en los clientes y en la productividad para mejorar el rendimiento
- Mejorar la eficacia de la gestión

Resistencia al cambio

Está comprobado que ante un proyecto de esta magnitud:

20 % +
- Un 20 % de las personas se mostrará positivo en la implementación y sus aportaciones serán muy valiosas.

60 % neutral
- Un 60 % de las personas se mostrará a la expectativa y neutral ante este tipo de proyectos.

20 % -
- Un 20 % tendrá una actitud negativa hacia la implementación.

Con un **buen liderazgo**, seguramente muchas actitudes negativas y personas neutrales pasarán a ser positivas. De otra manera, será un proyecto más que se olvida.

¿Por qué unos pueden y otros no?

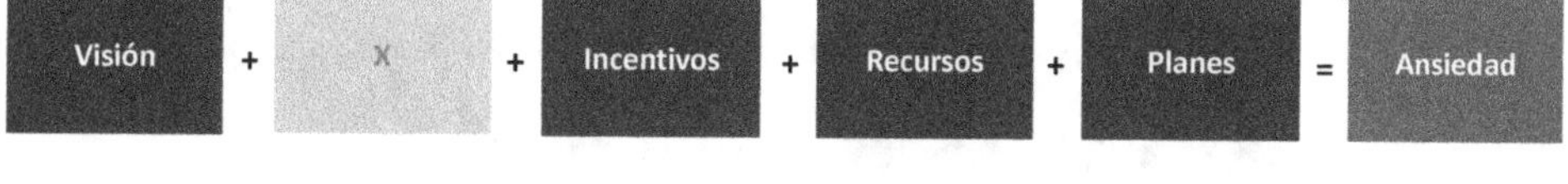

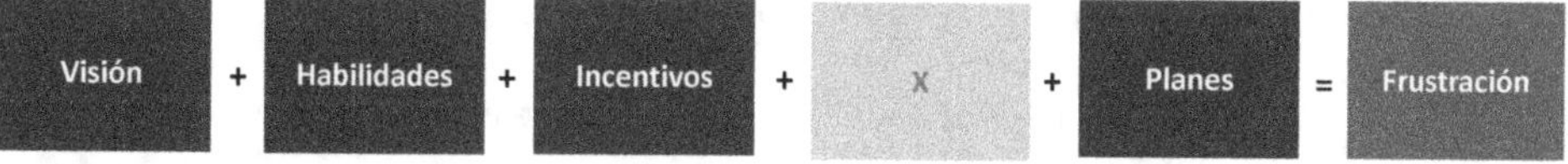

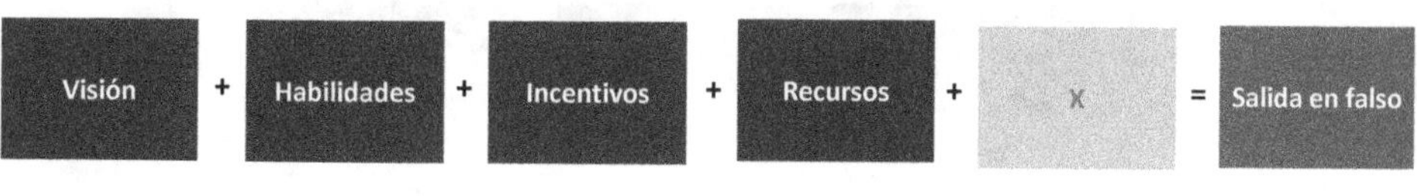

Certificación Lean Company

Existen cuatro categorías de certificación:*

Certificación de personas	Certificación de procesos

• Entrenamiento y certificación en:
  – *White Belt*
  – *Yellow Belt*
  – *Green Belt*
  – *Black Belt*
  – *Master Black Belt*
	• Evaluar si los procesos cumplen con los requisitos
	• Asegurar que los métodos se sostienen y las herramientas funcionan

Dos proyectos por año	Dos evaluaciones por año

Certificación de cadenas de valor	Certificación de compañías
• Todos los procesos de la cadena de valor han logrado cierto nivel de avance y han demostrado resultados y hábitos	• Como compañía se ha logrado una cultura ágil de gestión y liderazgo basado en hechos y datos
De dos a cuatro evaluaciones por año	Dos evaluaciones por año

*Fuente: Swiss Alliance LSS.

Niveles de certificación de personas

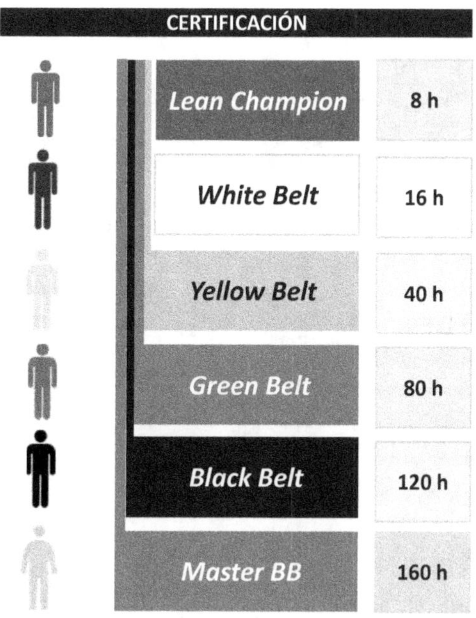

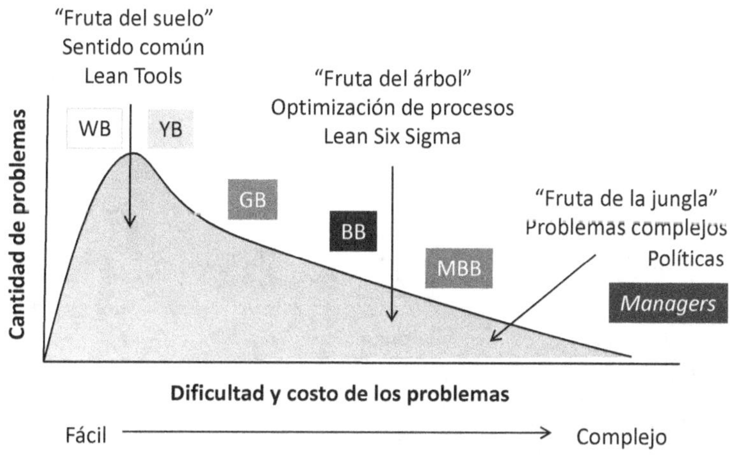

Roles

CHAMPION	WHITE BELT	YELLOW BELT	GREEN BELT	BLACK BELT	MASTER BLACK BELT
Responsable del presupuesto y de los recursos	Miembro de equipos de proyectos	Miembro de equipos de proyectos	Líder de pequeños proyectos y ejerce apoyos específicos	Líder de proyectos y *coach*. Ejecuta proyectos	Experto en implementación y *coach* de BB.
Patrocina los proyectos Lean Six Sigma	Practica como parte de su trabajo las herramientas básicas todos los días	Asegura el sostenimiento de la filosofía en el día a día	Asegura el sostenimiento en sus áreas de responsabilidad	Asegura la correcta implementación en las cadenas de valor	Aplica LSS a nivel de toda la compañía y en la cadena de suministro.
Líderes	100 %	20 % - 50 %	10 % - 20 %	1 % - 3 %	1 %

Estructura

				Personal	Expertos dedicados	Personal elegido
Corporativo Región País Planta	Personal ejecutivo 			 *Champion* corporativo	 *Master BB*	 Black Belt Equipos mejora
Planta Familia de productos y servicios	Equipos de valor 	Equipos de soporte 		 *Champion* planta	Black Belt Green Belt	Equipos mejora
Equipos productivos	Productos y servicios 	Transacciones 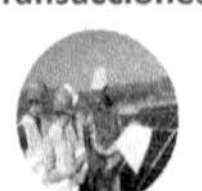		 *Champion* proyecto	 Green Belt Yellow Belt	 Equipos mejora

LSSI
LEAN SIX SIGMA INSTITUTE

Liderazgo

Lean Six Sigma requiere líderes

Jefes		Líderes

Jefes

- Dirige al personal
- Depende de autoridad
- Inspira miedo
- Dice «Yo»
- Busca culpables
- Sabe cómo se hace
- Utiliza personas
- Se lleva el crédito
- Ordena
- Dice «Ve»

Líderes

- Guía al personal
- Depende de la voluntad
- Inspira entusiasmo
- Dice «Nosotros»
- Soluciona los problemas
- Guía cómo se hace
- Desarrolla personas
- Da el crédito
- Pide
- Dice «Vamos»

Conclusión

«Ninguna organización, grande o pequeña, local o global, es inmune al cambio.

Para hacer frente a nuevas fuerzas tecnológicas, competitivas, y demográficas, los líderes de todos los sectores están tratando de alterar fundamentalmente la manera en que sus organizaciones hacen negocios.»

John P. Kotter

Canvas

2

Objetivos

1. Comprender la importancia de los modelos de negocios para desarrollar nuevas ideas y aportar nuevas formas de desarrollar estrategias para la empresa.
2. Conocer el modelo *canvas*.
3. Entender los elementos que lo componen.
4. Identificar las aplicaciones.
5. Comprender como se desarrolla.

Contenidos

> Antecedentes
> ¿Qué es *canvas*?
> ¿Quiénes usan *canvas*?
> Elementos
> Ejemplos
> Procedimiento
> Ejercicio

Ejecución exitosa

¡Hazlo simple!

Canvas

Plan de negocio / Planeación estratégica

Objetivos estratégicos	Línea Base	Objetivos	Estrategias	Indicadores clave (KPI)	Línea Base	Objetivos
Aumentar ROI de 7% a 12%			1.1 Incrementar beneficios/ventas un 18% 1.2 Aumentar el retorno sobre bienes un 24%	Beneficio/ventas Ventas/inversiones		
Aumentar en un 15% las ventas nacionales y en un 32% las ventas internacionales			2.1 Vender servicios xyz 2.2 Aumentar la percepción del cliente 2.3 Lanzamiento de los productos en 4 meses	Ventas en $ NPS (*Net Promoter Score*) Días de lanzamiento Segmentos atacados		
3. Procesos de clase mundial	Aumentar la productividad de 2.1 a 3.5 dólares generados por dólar invertido			Nivel sigma Satisfacción del cliente OEE (*Overall Equipment Effectiveness*) Días de entrega Vueltas de inventario Gastos de operación % rechazos (*scrap*)		
			3.2 Mantener la certificación ISO 9000:2000	Número de no conformidades		
			3.3 Implementar Lean Logistics	Puntualidad de entregas		
4. Convertir los recursos humanos en una ventaja competitiva	Certificar al 100% del personal en multihabilidades		4.1 Establecer programa de desarrollo de talento	% avance del programa % personal certificado		

Estrategia

Estructura por cadenas de valor

Box Score (Tableros de puntuación)	Objetivo	Semana 1	Semana 2
		1	2
Unidades por persona	21	14	16
Envíos a tiempo	100%	100%	100%
Tiempo de entrega (días)	4	3	4
Días de puerta a puerta	3	6	12
Calidad a la primera	95%	80%	80%
Nivel sigma	5	4,10	5
Costo de no calidad	$ 250	$ 2.345	$ 3.112
Costo promedio del producto	$ 300	$ 343	$ 337
Valor del inventario		34	$ 1.334.756
Vueltas de inventario		,50	10
Costo de mantenimie		20	$ 645
Evaluación 5 S		0%	100%
OEE		0%	80%
Tiempo de lanzamiento NP (días)	25	42	42
Demanda		500	600
Capacidad de producción		650	650
Capacidad disponible		23%	8%
Ingresos		$ 432.050	$ 384.870
Costo de material		$ 189.000	$ 125.679
Costo de conversión		$ 131.200	$ 130.242
Beneficio bruto de la cadena de valor		$ 111.850	$ 128.949
Retorno de la cadena		25,89%	33,50%

Resultados

Planeación táctica														
Actividades clave / Proyectos de mejora	1	2	3	4	5	6	7	8	9	10	11	12	Avance	Líder
1.1 Reducir inventarios														
1.2 Mejorar utilización de las inversiones														
1.3 Reducir costos sin sacrificar calidad														
1.4 Lograr un costeo ágil para detectar variaciones														
2.1.1 Diseñar paquetes de servicio al cliente														
2.1.2 Analizar la frecuencia de compra y detectar tendencias														
2.1.2 Implementar Scrum para el desarrollo de productos														
2.3.1 Introducir ingeniería concurrente y DFSS														
3.1.1 Entrenamiento a personal en Six Sigma														
3.1.2 Certificación de BB y GB														
3.1.3 Entrenamiento directivo														
3.1.2 Implementación piloto en el														
3.1.2 Certificar al personal en mul														
3.1.3 Implementar 5 S en la planta														
3.1.4 Implementar TPM en el área														
3.1.5 Implementar flujo continuo en el piloto														
3.1.6 Implementar SMED en el área piloto														
3.2.1 Realizar auditorías internas														
3.2.2 Implementar Sistema de mejora														
3.3.1 Implementar Lean planeación														
3.3.2 Implementar Lean almacenes														
3.3.3 Implementar Lean compras														
4.1.1 Hacer diagnóstico del clima organizacional														
4.1.2 Entrenar a entrenadores														
4.1.3 Desarrollar materiales de entrenamiento														
4.1.4 Realizar entrenamiento piloto														

Portafolio

Origen

Alex Osterwalder

La ontología del modelo de negocio: una propuesta en un enfoque de la ciencia del diseño

Enero 2004

Tesis doctoral, Universidad de Lausana, Suiza

Rasgos necesarios para adoptar *canvas*

- Tener espíritu emprendedor.
- Estar constantemente pensando en cómo crear valor y desarrollar nuevos negocios.
- Tener inquietud por mejorar o transformar su organización.
- Estar permanentemente buscando formas innovadoras de hacer negocios para reemplazar los antiguos u obsoletos.

No todos tenemos un claro entendimiento de lo que es un modelo de negocio.

Las conversaciones estratégicas acerca de los modelos de negocios son poco productivas.

Conversación típica cuando no hay un lenguaje común:

- Director: El mundo está cambiando…, necesitamos urgentemente reinventar nuestro modelo de negocio.
- Persona 1: Deberíamos enfocarnos a los servicios.
- Persona 2: Los números indican que deberíamos crecer en mercados emergentes.
- Persona 3: Pero qué hay acerca de la nueva tecnología que hemos estado buscando.
- Director: De hecho, conozco a la persona adecuada para adquirir esa tecnología.

Tres horas después:

- Persona 2: bla bla bla bla.
- Persona 4: bla bla bla bla.
- Persona 1: bla bla bla bla.

¿Qué es *canvas*?

Es una herramienta de negocios visual y práctica para
describir, **probar**, **implementar** y **manejar**
los modelos de negocios durante su ciclo de vida.

LSSI
LEAN SIX SIGMA INSTITUTE

¿Quiénes usan *canvas*?

¿Qué tipo de profesionales utilizan *Business Model Canvas?*

- **Equipos directivos,** para administrar sus organizaciones.

- **Personas emprendedoras,** para crear nuevas empresas.

- **Gestores de área,** al aplicar y mejorar los modelos de negocio.

- **Equipos consultores,** para ayudar a sus clientes.

- **Profesionales del diseño,** en la creación de productos de alto valor.

- **Economistas e inversores,** cuando han de evaluar diferentes propuestas.

Tu modelo de negocio en una sola página

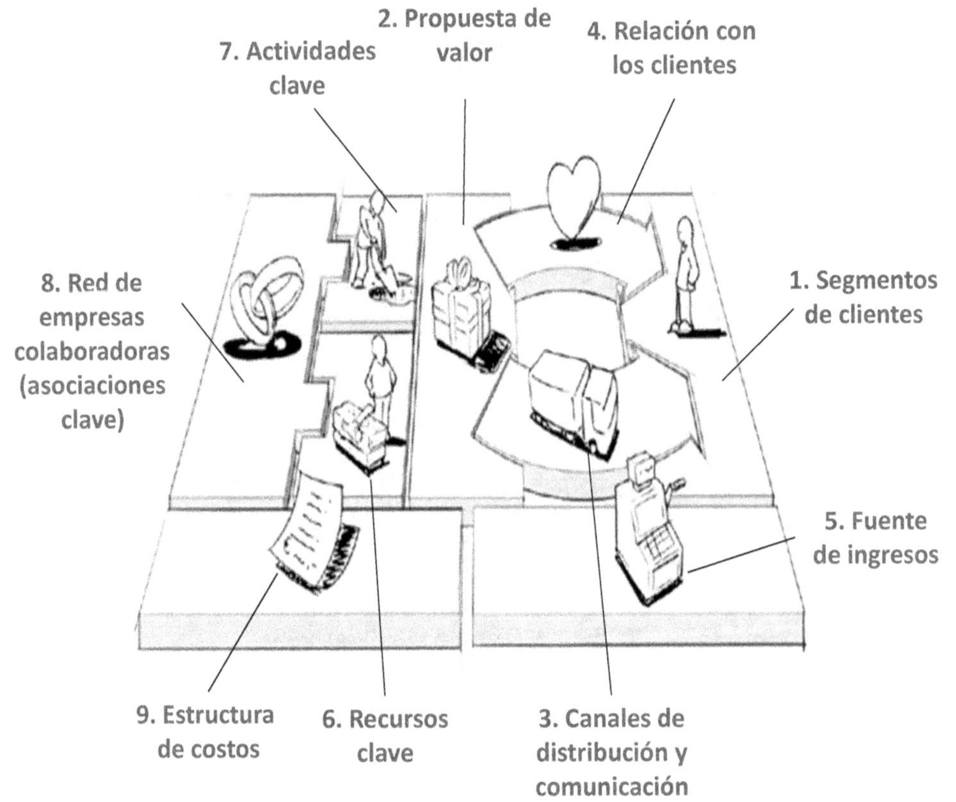

¿Cómo completar el formato de modelo de negocios *canvas?*

Asociaciones clave	Actividades clave	Propuesta de valor	Relación con los clientes	Segmentos de clientes
¿Qué red de proveedores y socios hacen que el modelo de negocio funcione?	¿Qué actividades y procesos deben llevarse a cabo para producir la oferta de valor?	¿Qué valores estamos entregando a los clientes? ¿Qué problema estamos ayudando a resolver? ¿Qué necesidad estamos satisfaciendo? ¿Qué paquetes de productos o servicios estamos ofreciendo a cada segmento de clientes?	¿Qué tipo de relaciones establecemos para que los clientes se mantengas ligados a la oferta de valor incluso después de haber adquirido el producto o servicio?	¿Para quiénes creamos valor?

Recursos clave

¿Cuáles son los activos para hacer funcionar el modelo de negocio?

Canales

¿Cómo hacemos para que los clientes reciban nuestra propuesta de valor?

¿Cómo se van a enterar de que esa oferta existe?

Estructura de costos

¿Qué costos son significativos para operar el modelo de negocio?

Fuente de ingresos

¿Cuánto dinero percibimos por el valor generado a nuestros clientes?

¿Hay productos o servicios que damos sin costo para agregar valor o darnos a conocer?

Canvas está diseñado como el cerebro

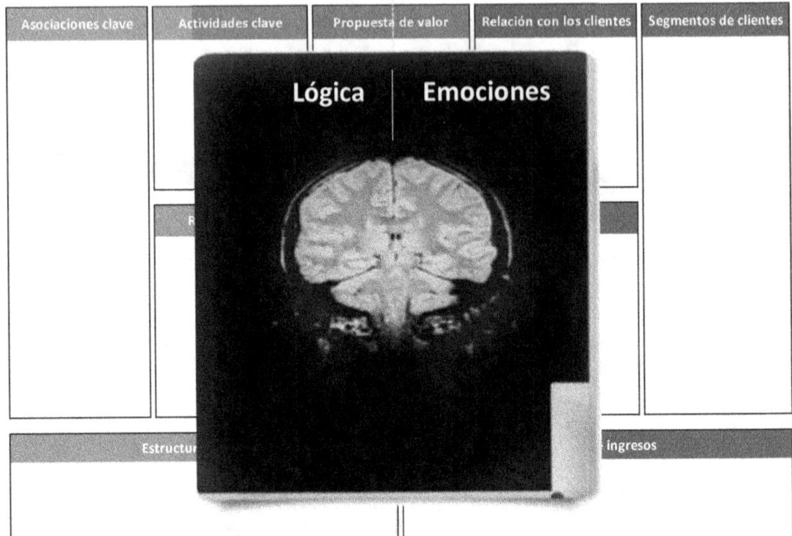

Otra forma de verlo

¿Por qué usar *canvas*?

* Las mejores ideas se ponen sobre la mesa.

* Crea un lenguaje común y compartido.

* Enriquece conversaciones sobre estrategia.

* Ayuda a mejorar el trabajo en equipo.

* Mejora la colaboración entre áreas.

Ejemplos

Google 1998

* Larry Page y Serch Ebran crearon el buscador Google.

* El buscador es gratis.

* Entonces, ¿cómo ganar dinero de un servicio gratuito?

Ingresos 2017 = $ 109.65 mil millones de dólares estadounidenses

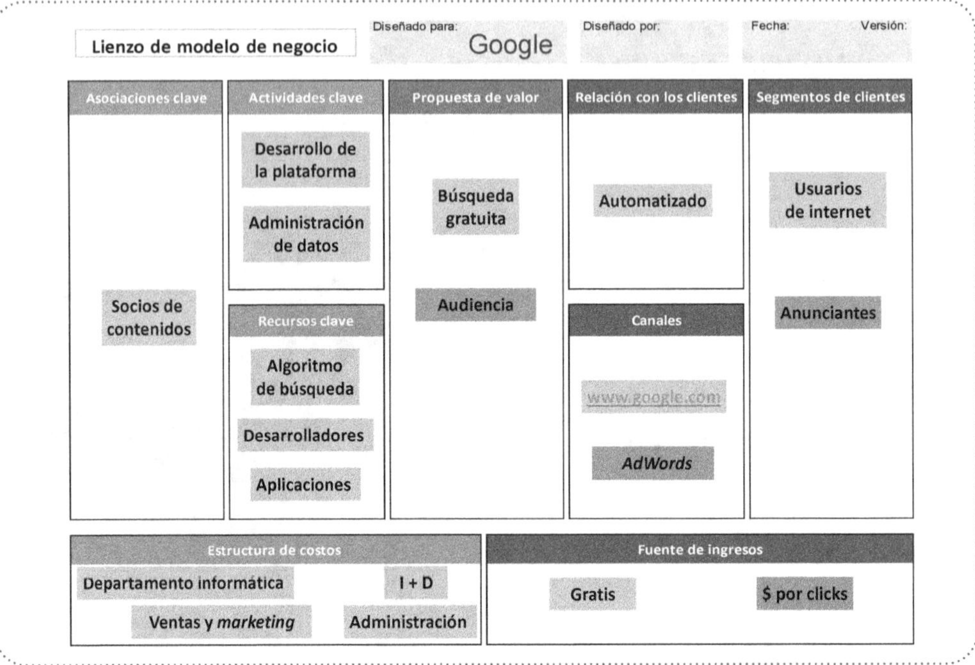

Xerox 1958

- Inventaron una máquina que podía fotocopiar 2 000 copias al día, mientras que las de la competencia solo podían hacer de 30 a 40 copias diarias.

- La máquina era siete veces más cara.

- Hicieron un estudio de mercado y vieron que ningún cliente compraría una máquina tan costosa.

¡Buen producto! Modelo de negocio equivocado.

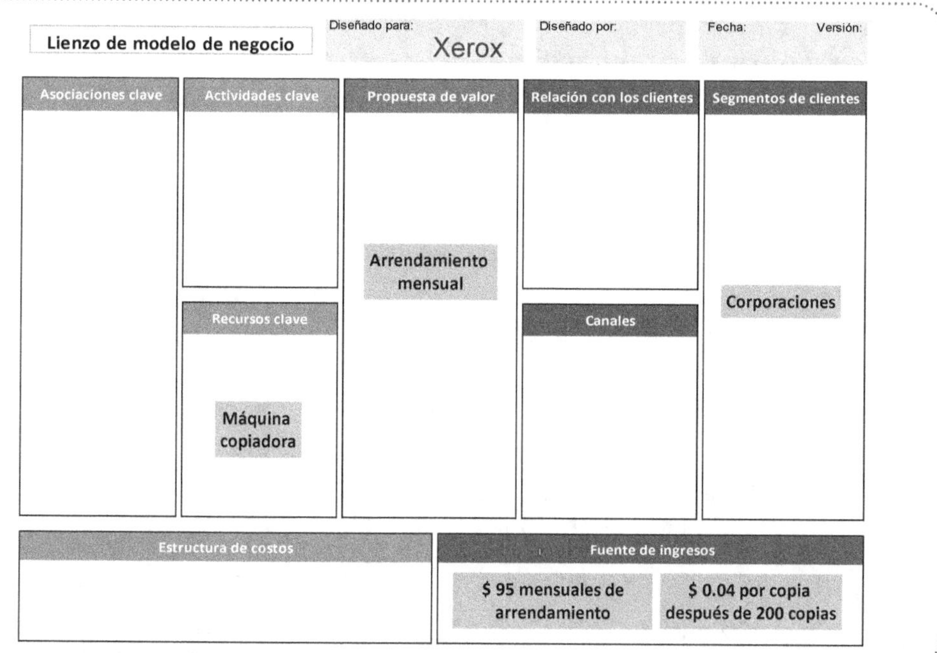

Procedimiento

¿Cómo se desarrolla?

- Elegir una línea de negocios.

- Equipos de cinco personas.

- **Estructura del *canvas*:**

1. Introducción a la metodología.
2. *Canvas* actual.
3. Ambiente alrededor del *canvas* actual:
   - Tendencias del mercado.
   - Tendencias de tecnologías.
   - Tendencias de necesidades.
   - Fuerzas y debilidades del *canvas* actual.
4. Generar prototipos de *canvas* futuros.
5. Retroalimentacion de cada uno.
6. Definir el *canvas* futuro y los siguientes pasos.

Fases de implementación

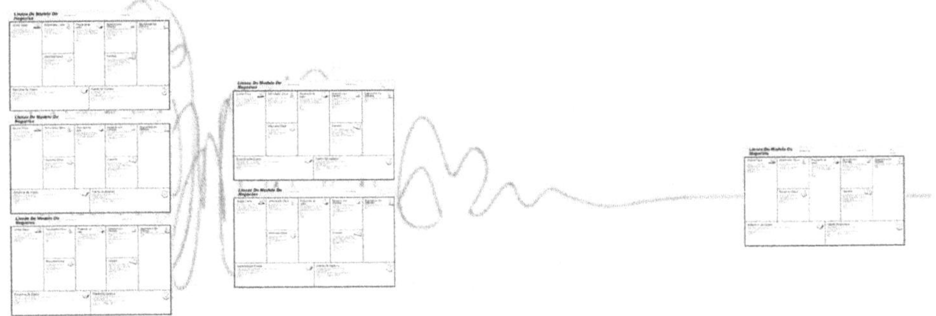

Definir

Ejecutar

Diseñar   **Probar**

Es un proceso de ida y vuelta

Nota

- Pueden generarse varios modelos de negocios para cada línea de negocio.

- Para hacerlo efectivo, deben elegirse solo los que se pueden ejecutar.

- Generalmente se genera un gran entusiasmo en la creación del modelo. Hay que asegurar mantenerlo en la ejecución.

LSSI
LEAN SIX SIGMA INSTITUTE

- Desarrollar el modelo de negocio de Nespresso con los elementos que se muestran a continuación.

Máquina Nespresso

Venta repetitivas de cápsulas

Fabricantes de máquinas

Cápsulas Nespresso

Compras cautivas

Marca

Canales de distribución

Pedido en línea Tiendas Nespresso

Venta de máquinas

Producción

Patentes

Marketing

Fábricas

Hogares

Costos de producción

Café

Costos de distribución

Detallistas

Productores de café

Negocios

Costos de *marketing*

| Lienzo de modelo de negocio | Diseñado para:
Nespresso | Diseñado por: | Fecha: | Versión: |

Asociaciones clave	Actividades clave	Propuesta de valor	Relación con los clientes	Segmentos de clientes
	Recursos clave		**Canales**	

Estructura de costos	Fuente de ingresos

Planificación estratégica: *hoshin kanri*

Objetivos

1. Conocer los elementos clave de la planificación estratégica.
2. Entender el modelo *hoshin kanri.*
3. Conocer el procedimiento de implementación.
4. Iniciar el proceso de la planificación en su empresa.

Contenidos

> Introducción
> ¿Qué es *hoshin kanri?*
> Beneficios
> ¿Cuándo se utiliza y cuánto tiempo requiere?
> Procedimiento
> Ejemplo

- Entre el 10 % y el 20 % de las empresas realizan planificación estratégica.

- Solo entre el 10 % y el 20 % de las empresas la ejecutan exitosamente.

- El 91 % de los directivos se califican como *tomadores de decisiones excepcionales*.

Fuente: Harvard Business School.

Síntomas de compañías que necesitan planificación *hoshin kanri*

- Poca conexión entre la estrategia y la mejora continua.
- Demasiados proyectos en proceso.
- Los planes de un año a otro nunca parecen conectarse.

¿Qué es estrategia?

Estrategia

Strato = Grupo de personas
(por ejemplo: un ejército)

Agein = Guía
(por ejemplo: dirigir)

Arte de dirigir operaciones militares

Despliegue de la estrategia

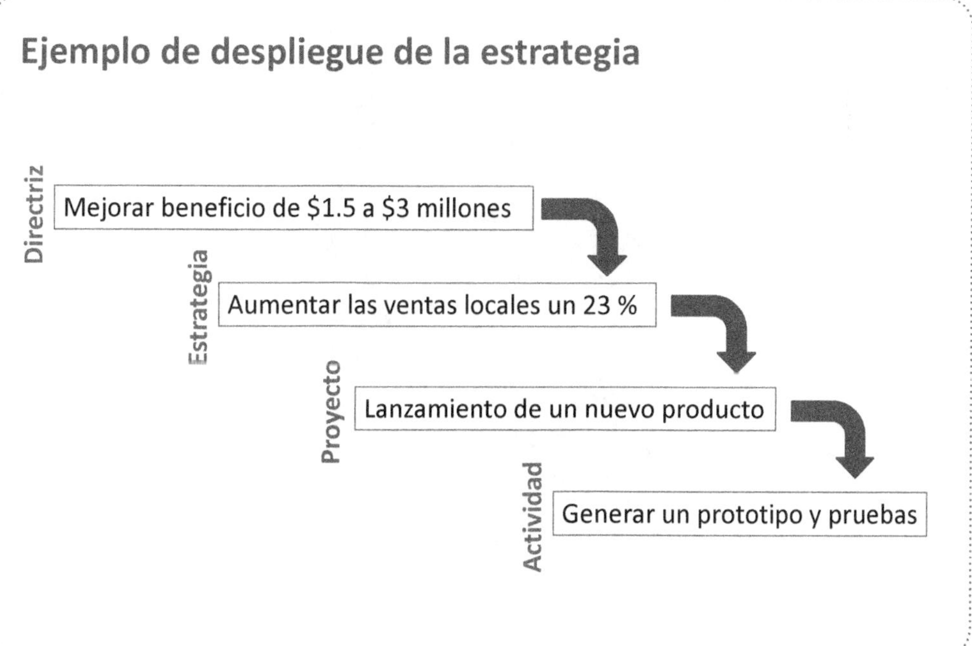

Ejemplo de despliegue de la estrategia

¿Qué es *hoshin kanri*?

Hoshin kanri es una herramienta gerencial para abordar cuatro preguntas fundamentales:

- **¿De qué se trata?:** visión y áreas clave de resultados.

- **¿Cómo mediremos nuestro desempeño?:** mediciones clave y objetivos.

- **¿Qué vamos a hacer?:** estrategias, planes de acción...

- **¿Cómo nos comportaremos?:** valores fundamentales.

Significado de *hoshin kanri*

Hoshin kanri

ho = Dirección

shin = Aguja

hoshin = Dirección de la aguja

kan = Control

ri = Razón o lógica

kanri = Administración, control

方針

管理

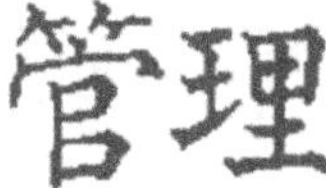

Hoshin kanri significa dirección y control de la organización apuntando hacia un enfoque.

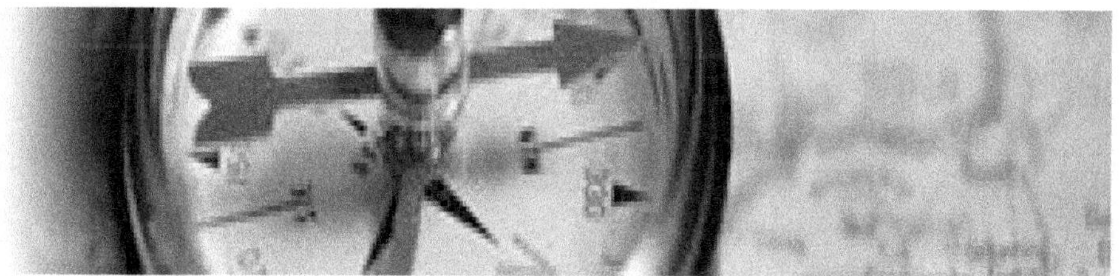

Modelo *hoshin kanri*

Años 2020-2023		Nombre de la empresa: **ACME Inc.**

Filosofía

Visión: Lograr el mejor valor del mercado ofreciendo la mejor calidad al menor costo.

Misión: Satisfacción de nuestros clientes y rentabilidad sostenida, maximizando el potencial de nuestro personal y de nuestra empresa.

Valores: Honestidad, creatividad, respeto y justicia al servicio de las personas.

PLAN DE NEGOCIO		PLANIFICACIÓN ESTRATÉGICA	
Directrices	Objetivos estratégicos	Estrategias	Indicadores clave (KPI)
1. Directrices (Qué)	**4. Indicadores (Cuánto)**	**2. Estrategias (Cómo)**	**4. Indicadores (Cuánto)**

HOSHIN KANRI

Fecha de elaboración:

Fecha de revisión:

PLANIFICACIÓN TÁCTICA														
Actividades clave / Proyectos de mejora	1	2	3	4	5	6	7	8	9	10	11	12	Avance	Líder

**3.
Proyectos
(Cómo de
estrategias)**

**5.
Recursos
(Quiénes)**

Otros términos para *hoshin kanri*

- *Hoshin planning* (Hewlett-Packard).

- Despliegue de políticas (AT&T, Infineon Technologies).

- Gestión por políticas (Texas Instruments).

- Gestión por resultados (Xerox).

- Gestión por prioridades.

- Despliegue de metas.

- Proceso *catch-ball*.

Beneficios

- **Enfoca** a toda la compañía en unos cuantos objetivos *vitales*, en lugar de en muchos *triviales*.

- Crea **alineación** hacia objetivos de avance mediante la *participación* de todo el equipo directivo en el proceso de planificación.

- **Liderazgo** evidente en *todos los niveles*.

- Los **empleados** *participan* en el establecimiento de objetivos, programas de mejora y revisiones.

- Hay una **clara** línea de la *visión*.

- **Comunica** las *metas clave* a todos los niveles de gerencia y de personal.

- **Inicio de operaciones:** plan fundamental *(hoshin kanri* y tablero de puntuación o *box score).*
  - Tiempo de realización: **1 semana**
- **Anualmente:** actualización del plan fundamental *(hoshin kanri).*
  - Tiempo de realización: **2 - 4 días**
- **Mensualmente:** evaluación de avances globales (cuadro de mando integral o *balanced scorecard).*
  - Tiempo de realización: **1 hora**
- **Semanalmente:** evaluación de avances de la cadena de valor (tablero de puntuación).
  - Tiempo de realización: **30 minutos**
- **Diario:** evaluación de avances por hora y diario (informe de planta).
  - Tiempo de realización: **5 minutos**

Procedimiento

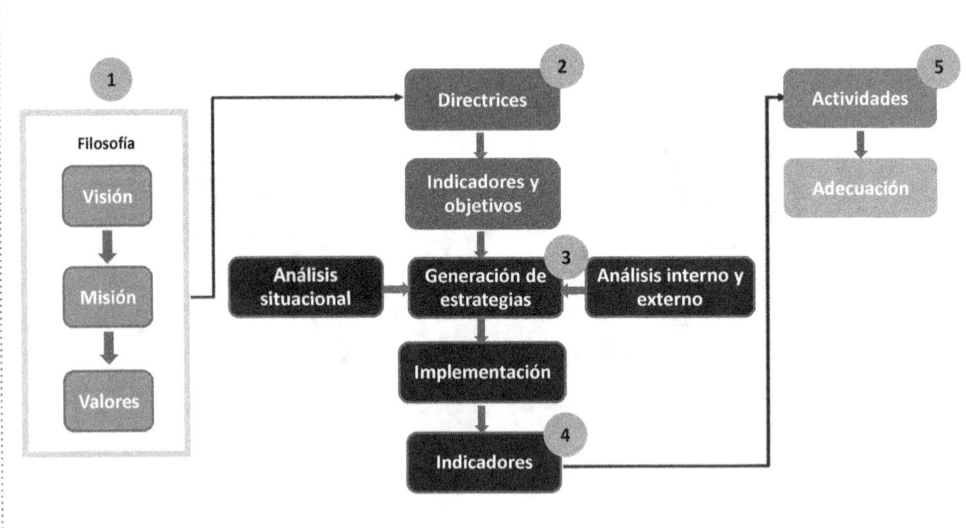

1. Establecer la filosofía de la empresa

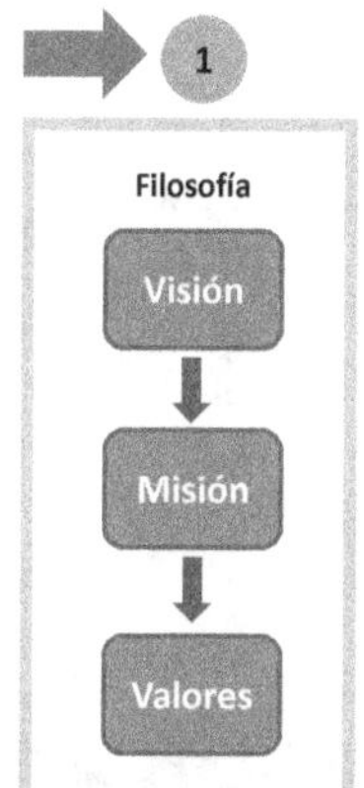

Visión
Lo que queremos ser.

Misión
¿Cuál es nuestro negocio?
¿Por qué existimos?

Valores
¿En qué creemos y cómo nos
comportamos?

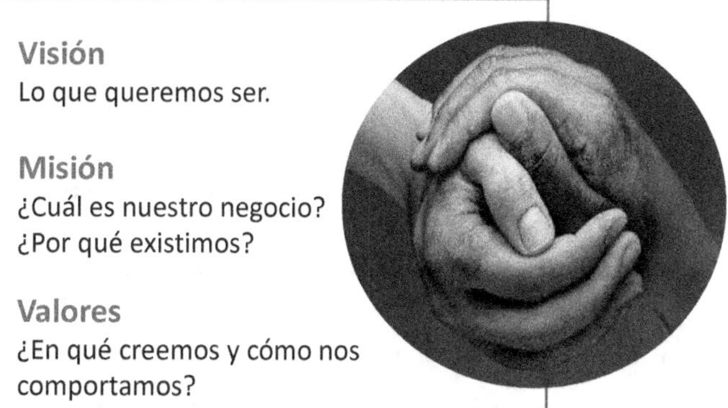

Ejemplos de visión y misión

Misión Disney: «Creamos felicidad al brindar el más exquisito
entretenimiento para personas de todas las edades, en cualquier lugar».

Misión Google: «Organizar la información mundial para que resulte
universalmente accesible y útil».

Misión eBay: «Proporcionar un mercado electrónico mundial en el que
prácticamente cualquier persona pueda comerciar con casi cualquier
producto, creando así oportunidades económicas para todo el mundo».

Visión Apple: «Ser considerados una opción viable gracias a sus
soluciones y servicios basados en la innovación, la tecnología y el
servicio, sin olvidar la creatividad de sus productos».

Visión Nike: «Traer la inspiración y la innovación a todos los atletas
en el mundo».

Ejemplo de filosofía

Plan estratégico en una sola hoja

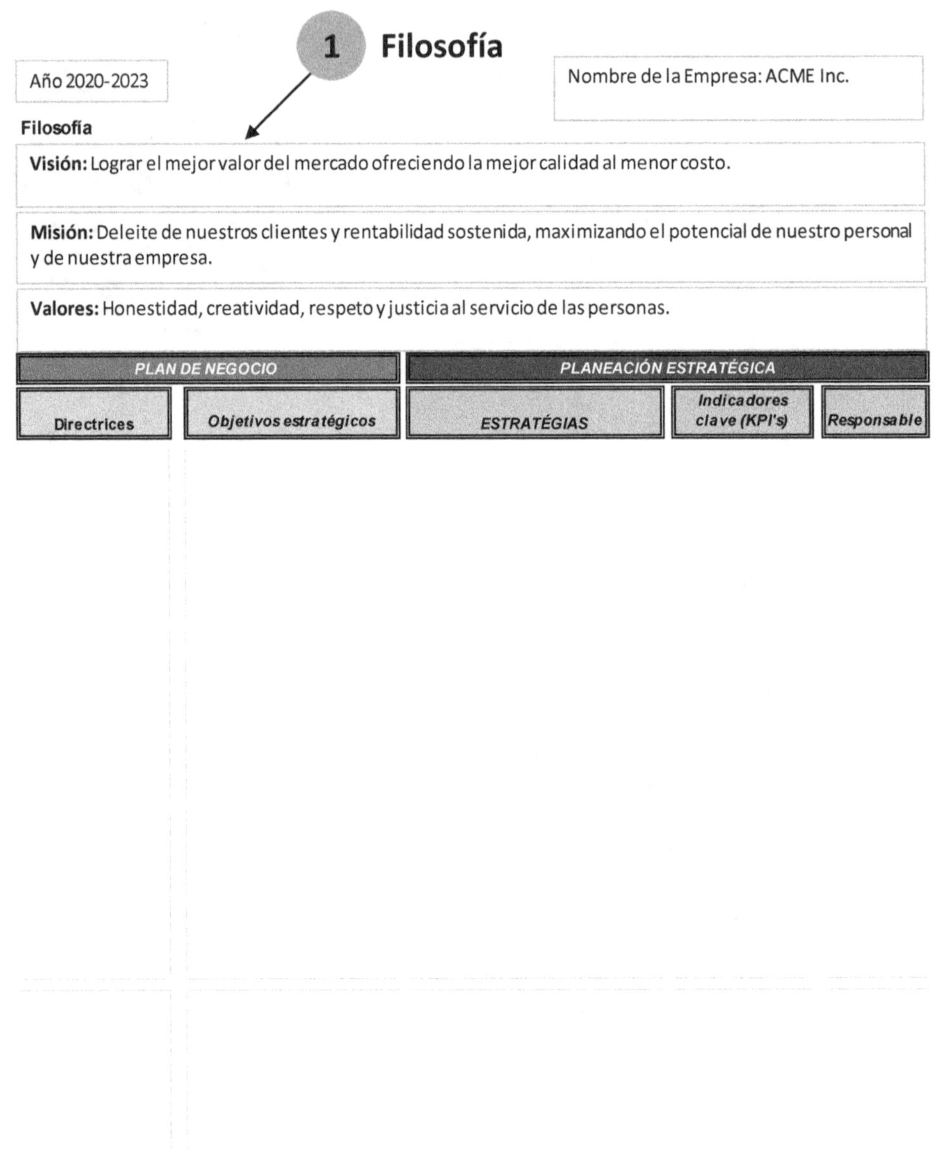

HOSHIN KANRI

Fecha de Elaboración:

Fecha de Revisión:

PLANEACIÓN TÁCTICA		1	2	3	4	5	6	7	8	9	10	11	12
Actividades clave / Proyectos de mejora	Líder												

2. Establecer las directrices (los QUÉ)

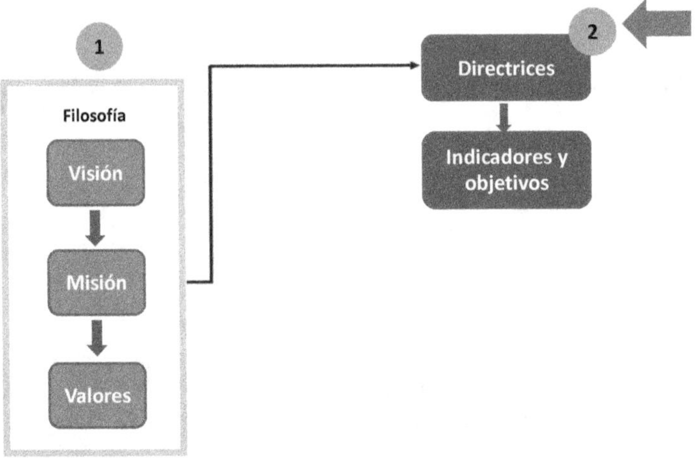

- En esta etapa se deben identificar aquellas categorías funcionales de la organización que son esenciales para su mejor funcionamiento.

- Proporciona una base para identificar las cuestiones críticas que se requieren analizar antes de establecer objetivos a corto plazo, en el marco de una visión de futuro y de objetivos a largo plazo.

- Hay que contestar a las siguientes preguntas:

  - **¿Qué** propuesta de valor esperan los clientes que les entreguemos?

  - **¿Qué** resultados espera la dirección corporativa de nosotros?

  - **¿Qué** debemos lograr para ir construyendo el estado futuro que deseamos?

Directrices: son «los QUÉ» de la organización

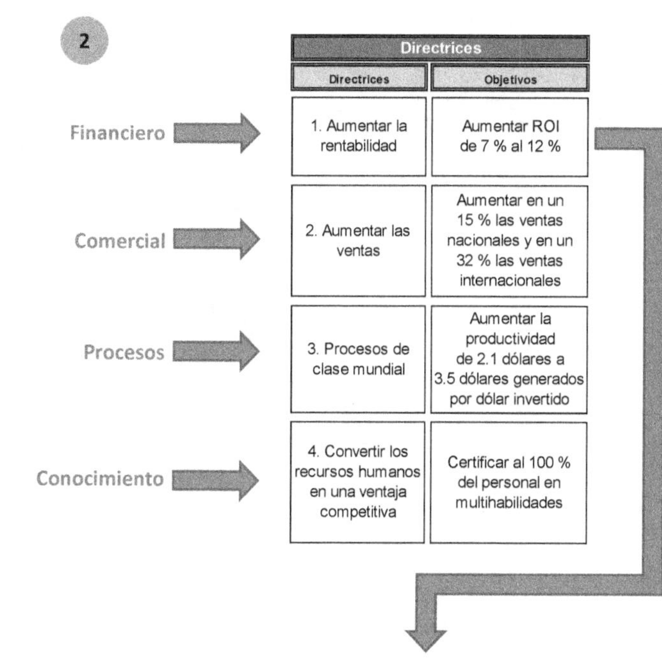

Ejemplo: Modelo DuPont

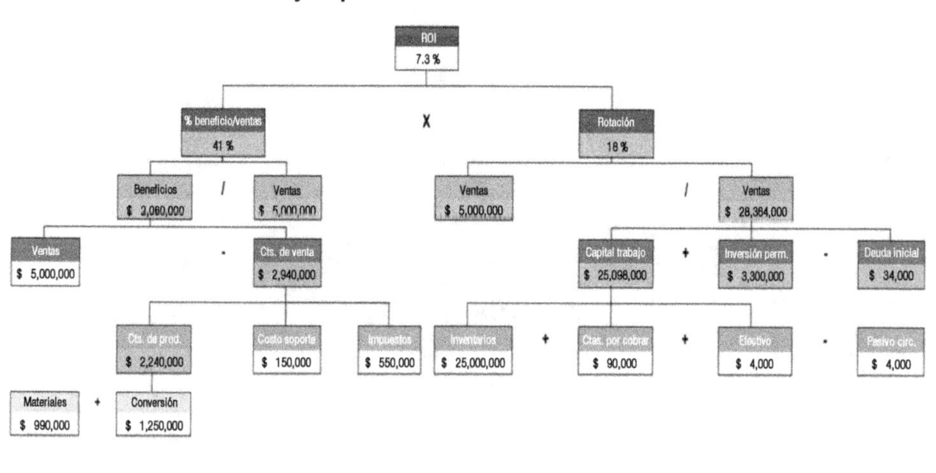

Indicadores y objetivos de las directrices

Balanced scorecard: indicador mensual directivo

Tablero de resultados de la organización

Directrices	Objetivos estratégicos	Meta	Actual (YTD)	Enero	Febrero	Marzo	Abril	Mayo	Junio	Julio
Financiero	EVA	4%								
	ROI	12%								
	RONA	18%								
	$ Backlog	$100.000								
	Throughput	$4.010.000								
	Flujo efectivo	$800.000								
Comercial	Beneficio	$2.060.000								
	Ventas	$5.000.000								
	NPS	78%								
	Participación de mercado	22%								
Procesos	Costo de conversión	$1.250.000								
	Costo directo	$990.000								
	Inventario	$650.000								
	Inversión total	$27.364.000								
Personas	NPS interno	90%								
	Clima organizacional	90%								
	Rotación	1%								
	Desarrollo talento	85%								

3. Generación de estrategias

- Las **estrategias** representan las acciones que se llevarán a cabo para lograr los *objetivos a medio y largo plazo.*

- Una estrategia refleja hasta qué punto la empresa entiende las relaciones clave entre acciones, contexto y desempeño organizacional.

- Está configurada para orientar a las personas encargadas de la toma de decisiones a emprender acciones que sean congruentes con su visión.

Ejemplo de generación de estrategias

Plan de negocio		Planificación estratégica	
Directrices	Objetivos estratégicos	Estrategias	Indicadores clave (KPI)
1. Aumentar la rentabilidad	Aumentar ROI de 7 % al 12 %	1.1 Incrementar beneficios/ventas un 18 % 1.2 Aumentar el retorno sobre bienes un 24 %	Beneficio/ventas Ventas/inversiones
2. Aumentar las ventas	Aumentar en un 15 % las ventas nacionales y en un 32 % las ventas internacionales	2.1 Vender servicios xyz 2.2 Aumentar la percepción del cliente 2.3 Lanzamiento de los productos en 4 meses	Ventas en $ NPS (*Net Promoter Score*) Días de lanzamiento Segmentos atacados
3. Procesos de clase mundial	Aumentar la productividad de 2.1 dólares a 3.5 dólares generados por dólar invertido	3.1 Implementar Lean Company	Nivel sigma Satisfacción del cliente OEE Días de entrega Vueltas de inventario Gastos de operación Porcentaje de rechazos (*scrap*)
		3.2 Mantener la certificación ISO 9000:2000	Número de no conformidades
		3.3 Implementar Lean Logistics	Puntualidad de entregas
4. Convertir los recursos humanos en una ventaja competitiva	Certificar al 100 % del personal en multihabilidades	4.1 Establecer programa de desarrollo de talento	Porcentaje avance del programa Porcentaje personal certificado

3

Estrategias (los CÓMO de las directrices)

Matriz FODA

Método: **Matriz FODA**	Fortalezas 1. 2. 3.	Debilidades 1. 2. 3.
Oportunidades 1. 2. 3.	Utilizar las fortalezas para aprovechar las oportunidades	Superar las debilidades al aprovechar las oportunidades
Amenazas 1. 2. 3.	Utilizar las fortalezas para evitar las amenazas	Reducir al mínimo las debilidades y evitar las amenazas

4. Indicadores

Balanced scorecard: indicador mensual

Tablero de resultados de la organización

Directrices	Objetivos estratégicos	Meta	Actual (YTD)	Enero	Febrero	Marzo	Abril	Mayo	Junio	Julio	Agosto	Septiembre	Octubre	Noviembre	Diciembre
Financiero	EVA	4%													
	ROI	12%													
	RONA	18%													
	$ *Backlog*	$100.000													
	Throughput	$4.010.000													
	Flujo efectivo	$800.000													
Comercial	Beneficio	$2.060.000													
	Ventas	$5.000.000													
	NPS	78%													
	Participación de mercado	22%													
Procesos	Costo de conversión	$1.250.000													
	Costo directo	$990.000													
	Inventario	$650.000													
	Inversión total	$27.364.000													
Personas	NPS interno	90%													
	Clima organizacional	90%													
	Rotación	1%													
	Desarrollo talento	85%													

Seguimiento al valor en planta: indicador diario

Meta total: 73

Capacidad: 10 por hora

Fecha: 07/02/2020

Hora	Meta	Producción real	Tiempo muerto (min)	Tipo	Defectos
8 a 9	10	10			
9 a 10	8	7	10	Descanso	
10 a 11	10	10			
11 a 12	10	5	20	Preparación	
12 a 1	5	4	30	Almuerzo	
1 a 2	10	11			
2 a 3	10	2	30	Ruptura	3
3 a 4	10	11			
	73	**60**	**90**		**3**

- Los **indicadores** nos ayudan a entender el funcionamiento real de un sistema. Actúan como un traductor de lo que ocurre en una operación y muestran si las estrategias o los proyectos conducen hacia el objetivo establecido.

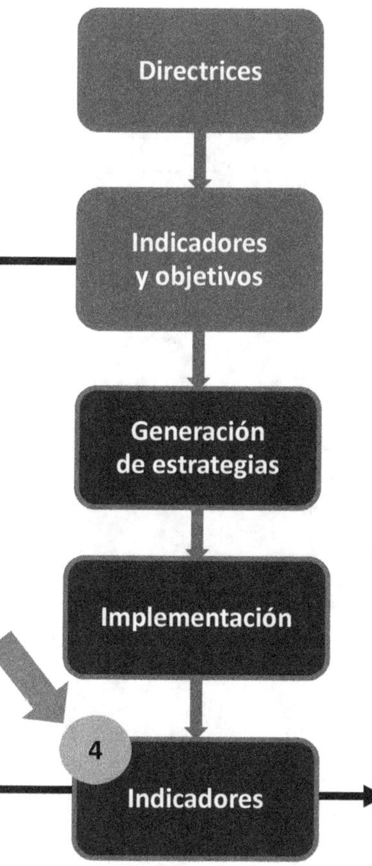

Tablero o *box score:* indicador semanal

Box Score (Tableros de puntuación)	Objetivo	Cumplimiento	Semana 1	Semana 2
Unidades por persona	21		14	16
Envíos a tiempo	100%		100%	100%
Tiempo de entrega (días)	4		3	4
Días de puerta a puerta	3		6	12
Calidad a la primera	95%		80%	80%
Nivel sigma	5		4,10	5
Costo de no calidad	$ 250		$ 2.345	$ 3.112
Costo promedio del producto	$ 300		$ 343	$ 337
Valor del inventario	$ 545.000		$ 1.004.234	$ 1.334.756
Vueltas de inventario	12		4,50	10
Costo de mantenimiento	$ 500		$ 2.820	$ 645
Evaluación 5 S	100%		100%	100%
OEE	85%		70%	80%
Tiempo de lanzamiento NP (días)	25		42	42
Demanda			500	600
Capacidad de producción			650	650
Capacidad disponible			23%	8%
Ingresos			$ 432.050	$ 384.870
Costo de material			$ 189.000	$ 125.679
Costo de conversión			$ 131.200	$ 130.242
Beneficio bruto de la cadena de valor			$ 111.850	$ 128.949
Retorno de la cadena			25,89%	33,50%

Integración de indicadores

Compañía

Tablero de resultados de la organización

Directrices	Objetivos estratégicos	Meta	Actual (YTD)	Enero	Febrero	
Financiero	EVA	4%				
	ROI	12%				
	RONA	18%				
	$ *Backlog*	$100.000				
	Throughput	$4.010.000				
	Flujo efectivo	$800.000				
Comercial	Beneficio	$2.060.000				
	Ventas	$5.000.000				
	NPS	78%				
	Participación de mercado	22%				
Procesos	Costo de conversión	$1.250.000				
	Costo directo	$990.000				
	Inventario	$650.000				
	Inversión total	$27.364.000				
Personas	NPS interno	90%				
	Clima organizacional	90%				
	Rotación	1%				
	Desarrollo talento	85%				

Cadena de valor 1

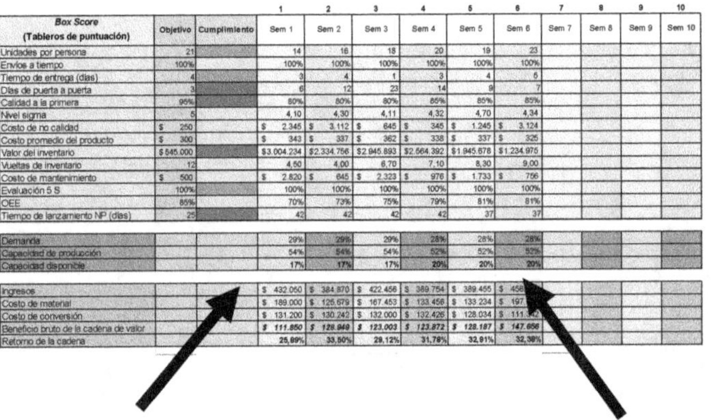

Box Score (Tableros de puntuación)	Objetivo	Cumplimiento	1 Sem 1	2 Sem 2	3 Sem 3	4 Sem 4	5 Sem 5	6 Sem 6	7 Sem 7	8 Sem 8	9 Sem 9	10 Sem 10
Unidades por persona	21		14	16	18	20	19	23				
Envíos a tiempo	100%		100%	100%	100%	100%	100%	100%				
Tiempo de entrega (días)	4		3	4	1	3	4	5				
Días de puerta a puerta	3		6	12	23	14	9	7				
Calidad a la primera	95%		80%	80%	80%	85%	85%	85%				
Nivel sigma	5		4,10	4,30	4,11	4,32	4,70	4,34				
Costo de no calidad	$ 250		$ 2.345	$ 3.112	$ 645	$ 345	$ 1.245	$ 3.124				
Costo promedio del producto	$ 300		$ 343	$ 337	$ 362	$ 338	$ 337	$ 325				
Valor del inventario	$ 545.000		$3.004.234	$2.334.756	$2.945.893	$2.564.392	$1.945.678	$1.234.975				
Vueltas de inventario	12		4,50	4,00	6,70	7,10	8,30	9,00				
Costo de mantenimiento	$ 500		$ 2.820	$ 645	$ 2.323	$ 976	$ 1.733	$ 756				
Evaluación 5 S	100%		100%	100%	100%	100%	100%	100%				
OEE	85%		70%	73%	75%	79%	81%	81%				
Tiempo de lanzamiento NP (días)	25		42	42	42	42	37	37				
Demanda			29%	29%	29%	28%	28%	28%				
Capacidad de producción			54%	54%	54%	52%	52%	52%				
Capacidad disponible			17%	17%	17%	20%	20%	20%				
Ingresos			$ 432.050	$ 384.870	$ 422.456	$ 389.754	$ 389.455	$ 456				
Costo de material			$ 189.000	$ 125.679	$ 167.453	$ 133.456	$ 133.234	$ 197				
Costo de conversión			$ 131.200	$ 130.242	$ 132.000	$ 132.426	$ 128.034	$ 111.342				
Beneficio bruto de la cadena de valor			$ 111.850	$ 128.949	$ 123.003	$ 123.872	$ 128.187	$ 147.656				
Retorno de la cadena			25,89%	33,50%	29,12%	31,78%	32,91%	32,38%				

Célula 1

Meta total: 73 Fecha: 07/02/2020

Capacidad: 10 por hora

Hora	Meta	Producción real	Tiempo muerto (min)	Tipo	Defectos
8 a 9	10	10			
9 a 10	8	7	10	Descanso	
10 a 11	10	10			
11 a 12	10	5	20	Preparación	
12 a 1	5	4	30	Almuerzo	
1 a 2	10	11			
2 a 3	10	2	30	Ruptura	3
3 a 4	10	11			
	73	60	90		3

Célula 2

Meta total: 73 Fecha: 07/02/2020

Capacidad: 10 por hora

Hora	Meta	Producción real	Tiempo muerto (min)	Tipo	Defectos
8 a 9	10	10			
9 a 10	8	7	10	Descanso	
10 a 11	10	10			
11 a 12	10	5	20	Preparación	
12 a 1	5	4	30	Almuerzo	
1 a 2	10	11			
2 a 3	10	2	30	Ruptura	3
3 a 4	10	11			
	73	60	90		3

	Marzo	Abril	Mayo	Junio	Julio	Agosto	Septiembre	Octubre	Noviembre	Diciembre

Cadena de valor 2

Box Score (Tableros de puntuación)	Objetivo	Cumplimiento hta	Sem 1	Sem 2	Sem 3	Sem 4	Sem 5	Sem 6	Sem 7	Sem 8	Sem 9	Sem 10
Unidades por persona	21		14	16	18	20	16	23				
Envíos a tiempo	100%		100%	100%	100%	100%	100%	100%				
Tiempo de entrega (días)	4		3	4	1	3	4	5				
Días de puerta a puerta	3		6	12	21	14	9	7				
Calidad a la primera	90%		80%	80%	80%	80%	80%	85%				
Nivel sigma	5		4.10	4.30	4.11	4.32	4.70	4.34				
Costo de no calidad	$ 200		$ 2.345	$ 3.112	$ 645	$ 545	$ 1.240	$ 3.124				
Costo promedio del producto	$ 300		$ 343	$ 107	$ 362	$ 206	$ 107	$ 325				
Valor del inventario	$ 540.000		$3.004.234	$2.704.756	$2.945.801	$2.564.312	$1.965.078	$1.234.975				
Vueltas de inventario	12		4.10	4.00	6.70	7.10	5.30	0.00				
Costos de mantenimiento	$ 500		$ 0.820	$ 645	$ 2.321	$ 576	$ 1.733	$ 750				
Evaluación 5 S	100%		100%	100%	100%	100%	100%	100%				
OEE	80%		70%	73%	73%	72%	81%	81%				
Tiempo de arranque (XP, días)	20		42	45	44	43	37	37				
Conversión			20%		20%		20%					
Costo del día de trabajo			34%		34%		34%					
Tiempo del mes anterior			17%	17%	17%	25%		25%				
Ingresos			$ 412.090	$ 384.650	$ 422.450	$ 380.756	$ 380.465	$ 360.012				
Costo de material			$ 145.000	$ 121.670	$ 167.451	$ 131.436	$ 153.234	$ 109.034				
Costo de conversión			$ 134.200	$ 130.262	$ 132.000	$ 132.436	$ 101.034					
Beneficio bruto de la cadena de valor			$ 111.150	$ 128.969	$ 123.001	$ 120.872	$ 126.197	$ 147				
Retorno de la cadena			26.99%	34.60%	29.12%	31.78%	32.81%	32.8				

Célula 1

Meta total: 73 Fecha: 07/02/2020

Capacidad: 10 por hora

Hora	Meta	Producción real	Tiempo muerto (min)	Tipo	Defectos
8 a 9	10	10			
9 a 10	8	7	10	Descanso	
10 a 11	10	10			
11 a 12	10	5	20	Preparación	
12 a 1	5	4	30	Almuerzo	
1 a 2	10	11			
2 a 3	10	2	30	Ruptura	3
3 a 4	10	11			
	73	60	90		3

Célula 2

Meta total: 73 Fecha: 07/02/2020

Capacidad: 10 por hora

Hora	Meta	Producción real	Tiempo muerto (min)	Tipo	Defectos
8 a 9	10	10			
9 a 10	8	7	10	Descanso	
10 a 11	10	10			
11 a 12	10	5	20	Preparación	
12 a 1	5	4	30	Almuerzo	
1 a 2	10	11			
2 a 3	10	2	30	Ruptura	3
3 a 4	10	11			
	73	60	90		3

Indicador: tablero de puntuación o *box score*

Box Score (Tableros de puntuación)	Objetivo	Cumplimiento	1 Sem 1	2 Sem 2	3 Sem 3
Unidades por persona	21		14	16	18
Envíos a tiempo	100%		100%	100%	100%
Tiempo de entrega (días)	4		3	4	1
Días de puerta a puerta	3		6	12	23
Calidad a la primera	95%		80%	80%	80%
Nivel sigma	5		4,10	4,30	4,11
Costo de no calidad	$ 250		$ 2.345	$ 3.112	$ 645
Costo promedio del producto	$ 300		$ 343	$ 337	$ 362
Valor del inventario	$ 545.000		$3.004.234	$2.334.756	$2.945.893
Vueltas de inventario	12		4,50	4,00	6,70
Costo de mantenimiento	$ 500		$ 2.820	$ 645	$ 2.323
Evaluación 5 S	100%		100%	100%	100%
OEE	85%		70%	73%	75%
Tiempo de lanzamiento NP (días)	25		42	42	42

Demanda			29%	29%	29%
Capacidad de producción			54%	54%	54%
Capacidad disponible			**17%**	**17%**	**17%**

Ingresos			$ 432.050	$ 384.870	$ 422.456
Costo de material			$ 189.000	$ 125.679	$ 167.453
Costo de conversión			$ 131.200	$ 130.242	$ 132.000
Beneficio bruto de la cadena de valor			*$ 111.850*	*$ 128.949*	*$ 123.003*
Retorno de la cadena			**25,89%**	**33,50%**	**29,12%**

- Se analizan los resultados de calidad, entrega y costos semanalmente para asegurar que se estudian y se toman decisiones cada semana.

- De esta manera, se tienen **52 oportunidades** de tomar buenas decisiones, a diferencia de solo 12 oportunidades cuando se hace mensualmente.

4	5	6	7	8	9	10
Sem 4	Sem 5	Sem 6	Sem 7	Sem 8	Sem 9	Sem 10
20	19	23				
100%	100%	100%				
3	4	5				
14	9	7				
85%	85%	85%				
4,32	4,70	4,34				
$ 345	$ 1.245	$ 3.124				
$ 338	$ 337	$ 325				
$2.564.392	$1.945.678	$1.234.975				
7,10	8,30	9,00				
$ 976	$ 1.733	$ 756				
100%	100%	100%				
79%	81%	81%				
42	37	37				

4	5	6	7	8	9	10
28%	28%	28%				
52%	52%	52%				
20%	**20%**	**20%**				

4	5	6	7	8	9	10
$ 389.754	$ 389.455	$ 456.032				
$ 133.456	$ 133.234	$ 197.034				
$ 132.426	$ 128.034	$ 111.342				
$ 123.872	**$ 128.187**	**$ 147.656**				
31,78%	32,91%	32,38%				

Semáforo

Atención inmediata

Lejos del objetivo planeado

Alerta

Cerca del objetivo planeado

Estamos bien

De acuerdo al objetivo planeado

5. Generación de tácticas

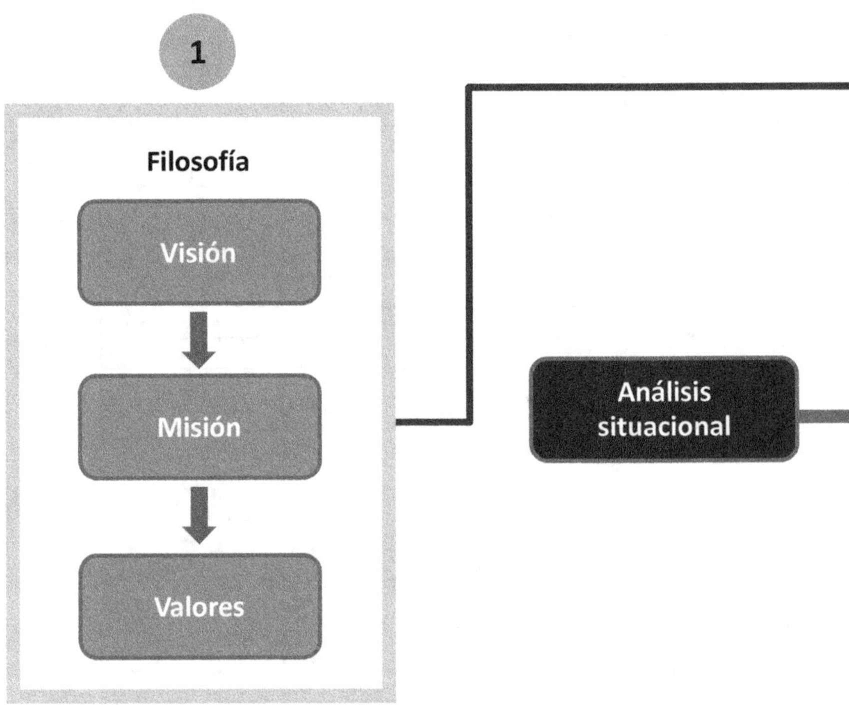

La **planificación táctica** se refiere a los proyectos y las actividades clave que deben realizarse para cumplir con las estrategias planeadas.

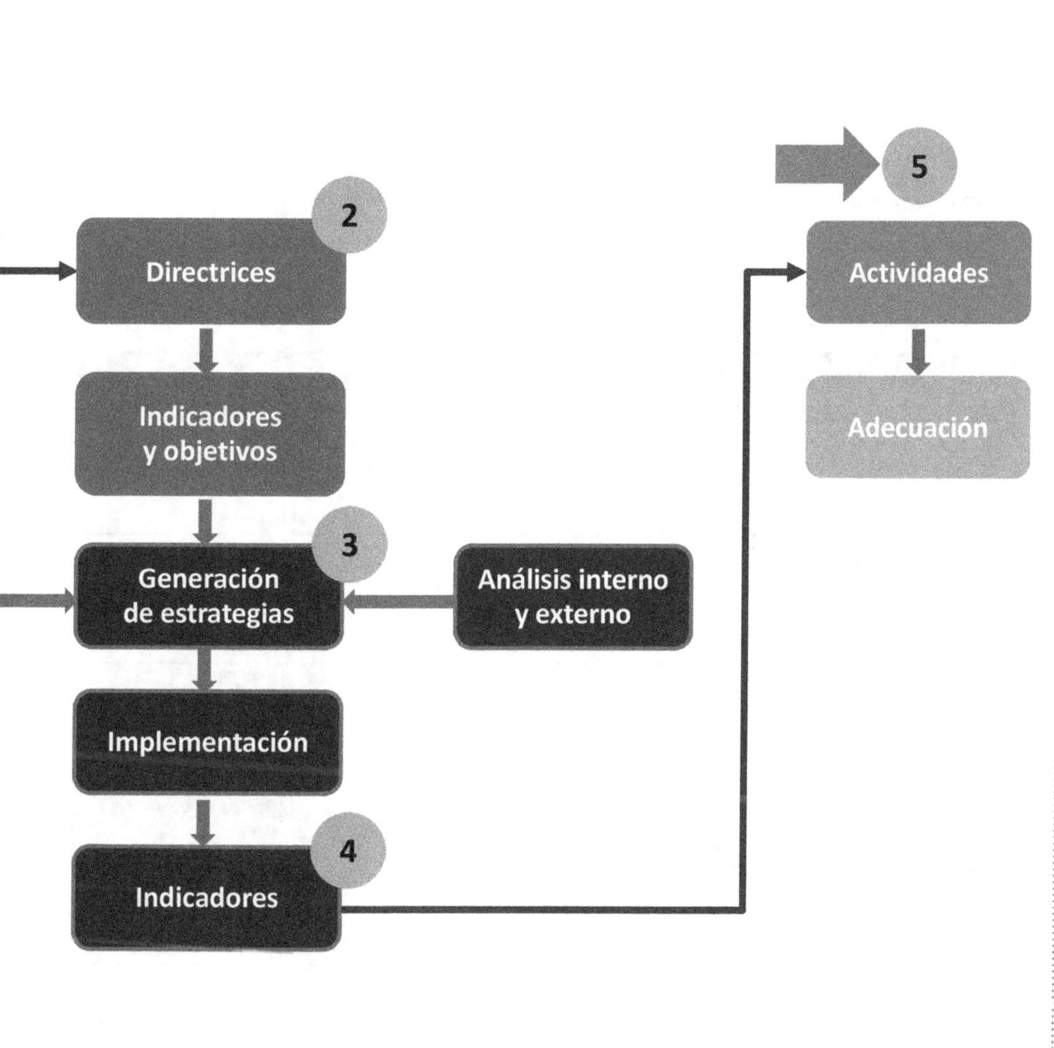
2
Directrices
Indicadores
y objetivos
3
Generación
de estrategias
Análisis interno
y externo
Implementación
4
Indicadores
5
Actividades
Adecuación

Ejemplo de generación de tácticas

Años 2020-2023		Nombre de la empresa: **ACME Inc.**

Filosofía

Visión: Lograr el mejor valor del mercado ofreciendo la mejor calidad al menor costo.

Misión: Satisfacción de nuestros clientes y rentabilidad sostenida, maximizando el potencial de nuestro personal y de nuestra empresa.

Valores: Honestidad, creatividad, respeto y justicia al servicio de las personas.

PLAN DE NEGOCIO		PLANIFICACIÓN ESTRATÉGICA	
Directrices	Objetivos estratégicos	Estrategias	Indicadores clave (KPI)
1. Aumentar rentabilidad	Aumentar ROI de 7 a 12%	1.1 Incrementar utilidad/ventas al 18% 1.2 Aumentar el retorno sobre bienes al 24%	Ut/ventas Ventas/inversiones
2. Aumentar ventas	Aumentar en 15% ventas nacionales y 32% ventas internacionales	2.1 Vender servicios xyz 2.2 Aumentar percepción del cliente 2.3 Lanzamiento productos en 4 meses	Ventas en $ NPS Días de lanzamiento Segmentos atacados
3. Procesos de clase mundial	Aumentar la productividad de 2.1 a 3.5 dólares generados por dólar invertido	3.1 Implementar Lean Company	Nivel sigma Satisfacción del cliente OEE Dias de entrega Vueltas de inventario Gastos de operación % scrap
		3.2 Mantener la certificación ISO 9000:2000	Número de no conformidades
		3.3 Implementar Industry 4.0	Puntualidad de entregas
4. Convertir al RH en una ventaja competitiva	Certificar al 100% del personal en multihabilidades	4.1 Establecer programa de desarrollo de talento	% avance del programa % personal certificado

HOSHIN KANRI

Fecha de elaboración:

Fecha de revisión:

PLANIFICACIÓN TÁCTICA														
Actividades clave / Proyectos de mejora	1	2	3	4	5	6	7	8	9	10	11	12	Avance	Líder
1.1 Reducir inventarios														
1.2 Mejorar utilización de nuestras inversiones														
1.3 Reducir los costos sin sacrificar calidad														
1.4 Lograr un costeo ágil para detectar variaciones														
2.1.1 Diseñar paquetes de servicio al cliente														
2.1.2 Analizar frecuencia de compra y detectar tendencias														
2.1.2 Implementar SCRUM para desarrollo de productos														
2.3.1 Introducir ingeniería concurrente y DFSS														
3.1.1 Entrenamiento a personal en seis sigma														
3.1.2 Certificación de BB y GB														
3.1.3 Entrenamiento directivo														
3.1.2 Implementación piloto en área A														
3.1.2 Certificar al personal en multihabilidades a operadores														
3.1.3 Automatizar proceso C														
3.1.4 Implementar TPM en área piloto														
3.1.5 Implementar flujo continuo en piloto														
3.1.6 Implementar SMED en área piloto														
3.2.1 Realizar auditorías internas														
3.2.2 Implementar sistema de mejora														
3.3.1 Entrenamiento de certificación														
3.3.2 Inteligencia artificial en el sistema comercial														
3.3.3 Realidad aumentada en procesos de soporte														
4.1.1 Hacer diagnóstico de clima organizacional														
4.1.2 Entrenar entrenadores														
4.1.3 Desarrollar materiales de entrenamiento														
4.1.4 Realizar implementación piloto														

5

Tácticas: proyectos

LSSI
LEAN SIX SIGMA INSTITUTE

Ejemplo de generación de tácticas

Planificación táctica														
Actividades clave / Proyectos de mejora	1	2	3	4	5	6	7	8	9	10	11	12	Avance	Líder
1.1 Reducir inventarios														
1.2 Mejorar utilización de las inversiones														
1.3 Reducir costos sin sacrificar calidad														
1.4 Lograr un costeo ágil para detectar variaciones														
2.1.1 Diseñar paquetes de servicio al cliente														
2.1.2 Analizar la frecuencia de compra y detectar tendencias														
2.1.2 Implementar Scrum para el desarrollo de productos														
2.3.1 Introducir ingeniería concurrente y DFSS														
3.1.1 Entrenaniento a personal en Six Sigma														
3.1.2 Certificación de BB y GB														
3.1.3 Entrenamiento directivo														
3.1.2 Implementación piloto en el área A														
3.1.2 Certificar al personal en multihabilidades														
3.1.3 Implementar 5 S en la planta 1														
3.1.4 Implementar TPM en el área														
3.1.5 Implementar flujo continuo piloto														
3.1.6 Implementar SMED en el área piloto														
3.2.1 Realizar auditorías internas														
3.2.2 Implementar sistema de mejora														
3.3.1 Implementar Lean planeación														
3.3.2 Implementar Lean almacenes														
3.3.3 Implementar Lean compras														
4.1.1 Hacer diagnóstico del clima organizacional														
4.1.2 Entrenar a entrenadores														
4.1.3 Desarrollar materiales de entrenamiento														
4.1.4 Realizar entrenamiento piloto														

- Una vez que se ha definido la planificación táctica, se trabaja en el desarrollo de los proyectos.

- Para asegurar que la estrategia se ejecute, se deben realizar exitosamente dichos proyectos, mediante un sistema de gestión ágil conocido como **SCRUM**.

Nota: *SCRUM* es una herramienta que se verá en la certificación *Black Belt*.

LSSI
LEAN SIX SIGMA INSTITUTE

Estructura por cadenas de valor

El trabajo en equipo es posible si la estructura lo permite.
Agregar valor es el objetivo de todos.

Objetivos

1. Entender cómo se diseñarán las empresas del futuro por cadenas de valor.
2. Mostrar cómo se desarrollan equipos autodirigidos.
3. Comprender los conceptos básicos de la contabilidad Lean en las cadenas de calor.

Contenidos

> Antecedentes
> ¿Qué son las estructuras por cadenas de valor?
> ¿Para qué sirven las cadenas de valor?
> ¿Quiénes participan?
> Procedimiento
> Ejemplo

Antecedentes

Las empresas que han decidido ser ágiles para responder a las necesidades del mercado, deben considerar que para lograrlo necesitan:

- Comunicación efectiva.

- Organización simple y ágil.

- Trabajo en equipo.

No es suficiente un buen plan estratégico

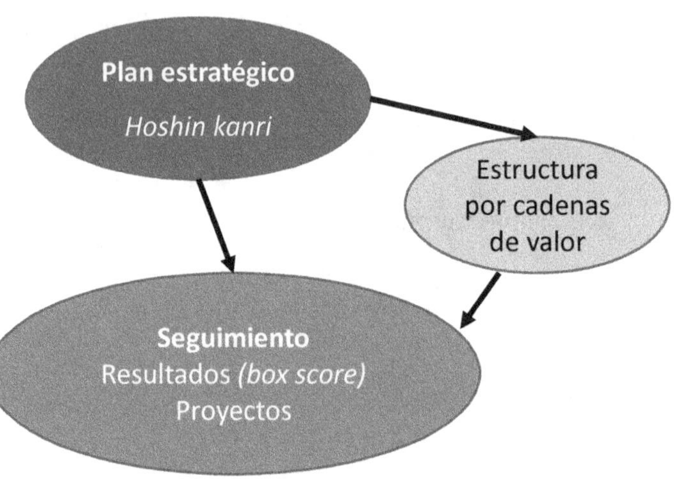

- Tradicionalmente, las empresas se organizaban en departamentos y utilizaban estructuras similares a las de familias, es decir, que utilizaban los árboles genealógicos como referencia.

- Actualmente muchas empresas se siguen organizando de esta manera.

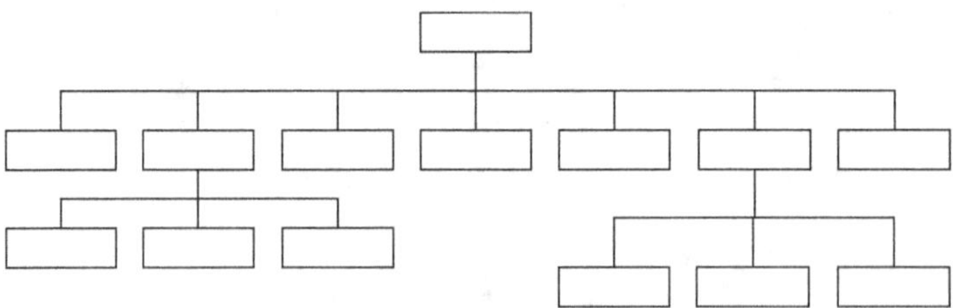

- Estos sistemas funcionaban relativamente bien en estructuras de elevado volumen de producción y poca cantidad de servicios o productos.

Ejemplo de estructura tradicional

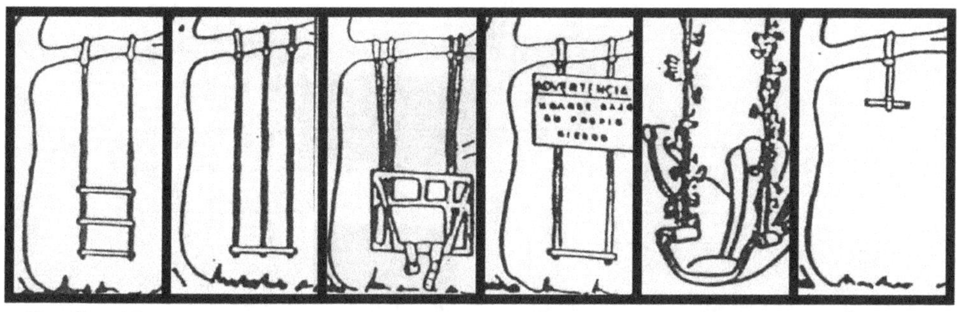

| Planificación | Ventas | Seguridad | Legal | Diseño | Costos |

| Ingeniería | Producción | Embalaje | *Marketing* | Servicio | Cliente |

Tipos de estructuras organizacionales

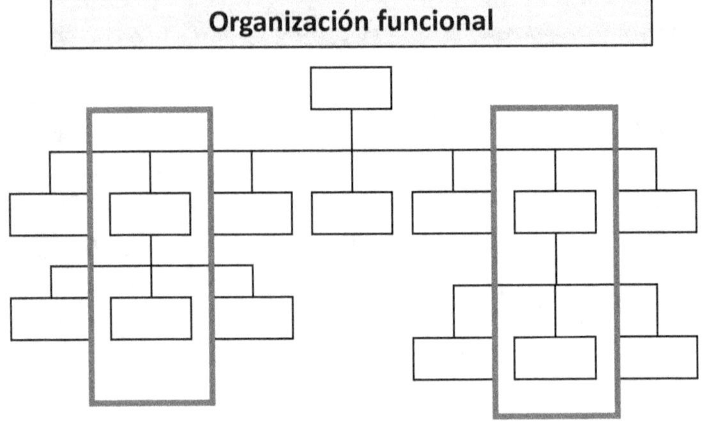

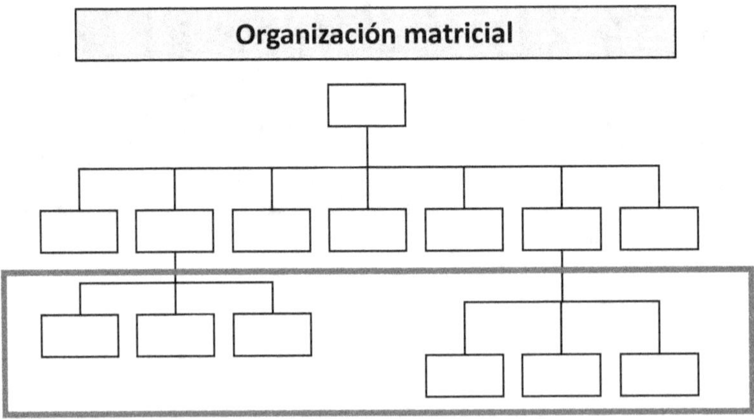

LSSI
LEAN SIX SIGMA INSTITUTE

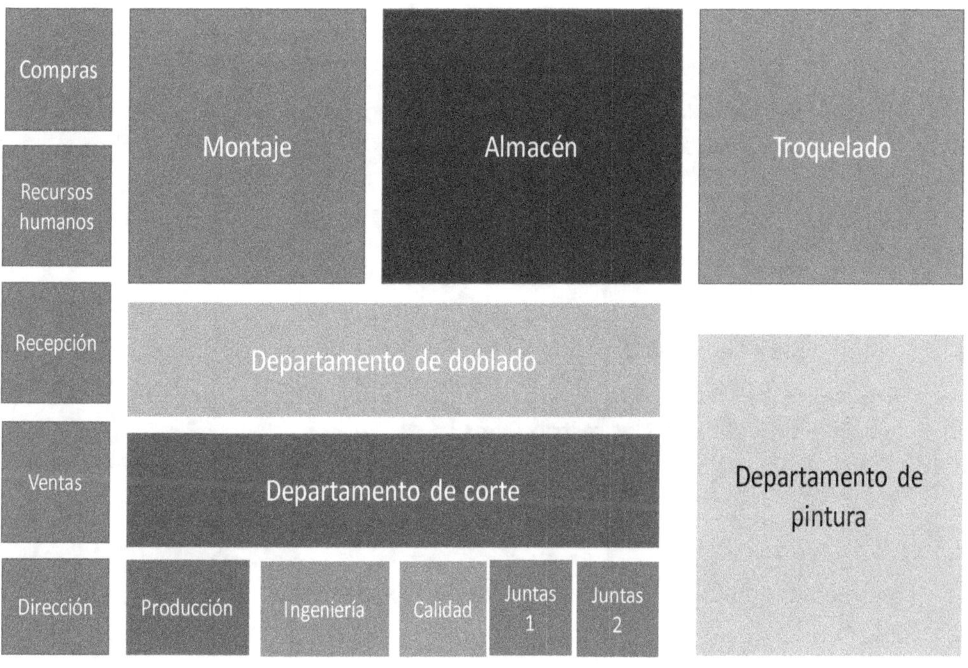
Organización departamental
Compras
Recursos humanos
Recepción
Ventas
Dirección
Montaje
Almacén
Troquelado
Departamento de doblado
Departamento de corte
Producción
Ingeniería
Calidad
Juntas 1
Juntas 2
Departamento de pintura

Conclusiones

▸ Los directivos delegaban poco y trataban de resolver los problemas de todos los niveles.

▸ Las personas operativas solo recibían ordenes y no siempre entendían porqué hacían las cosas.

▸ Muy raramente los responsables de las funciones del negocio podían responder a las siguientes preguntas:

- ¿Cuál es la velocidad a la que los clientes compran? *(takt-time)*.

- ¿Cuál es la capacidad del proceso?

- ¿En dónde están las restricciones?

- ¿Los productos o servicios se entregan a tiempo?

- ¿Se cumple la meta de costos y se está ganando dinero?

- ¿Todas las personas involucradas saben lo mismo?

LSSI
LEAN SIX SIGMA INSTITUTE

¿Qué son las estructuras por cadenas de valor?

- Son **unidades de negocio** compuestas por todos los responsables directos de las actividades de una familia de productos o servicios.

- Toman decisiones y entregan resultados de principio a fin del proceso.

- Tienen personal multidisciplinario.

- Cada cadena de valor se analiza mediante un mapa (VSM), donde se visualiza el flujo de información, las actividades y los materiales de un proceso.

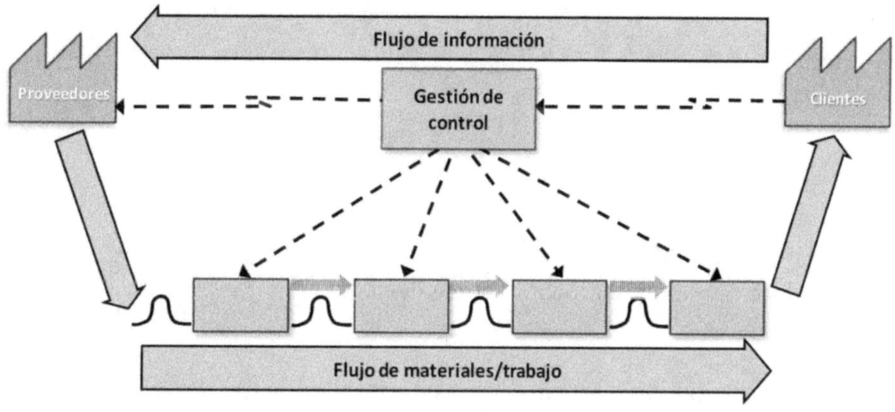

Estructura por cadenas de valor

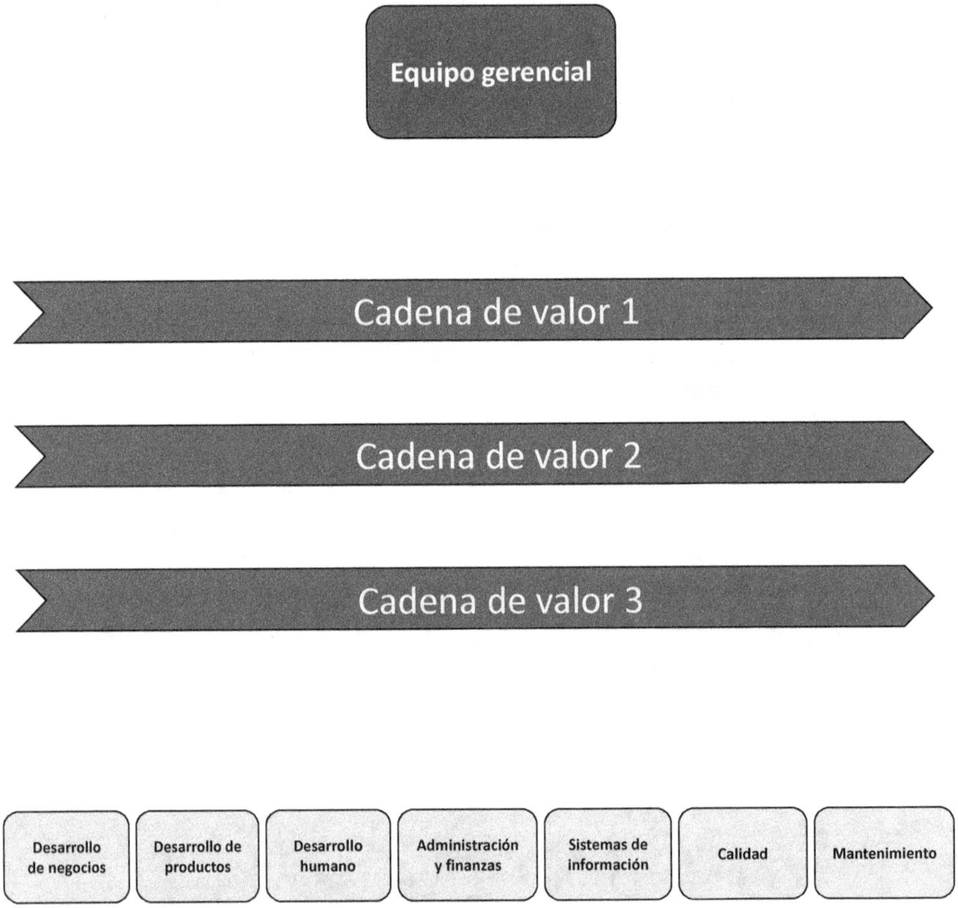

Equipo gerencial

Cadena de valor 1

Cadena de valor 2

Cadena de valor 3

| Desarrollo de negocios | Desarrollo de productos | Desarrollo humano | Administración y finanzas | Sistemas de información | Calidad | Mantenimiento |

Cada cadena de valor representa a una familia de producto o servicio.

LSSI
LEAN SIX SIGMA INSTITUTE

¿Para qué sirven las cadenas de valor?

- Eliminar la burocracia que impide desarrollar negocios exitosos y en los que sea un placer el trabajo.

- Dar tiempo a la dirección para planificar, analizar las perspectivas del negocio y dedicar mas energía al desarrollo futuro.

- Permitir que estrategias como Lean Six Sigma sean exitosas.

¿Quiénes participan

Nivel 3: **Los propietarios de la empresa y la dirección**

Nivel 2: **Los equipos de valor y soporte**

Nivel 1: **Los equipos de producción o servicio**

1. Definir el personal del **nivel 1** y capacitarlo en sus roles (trabajo estándar).

2. Definir el personal del **nivel 2** y capacitarlo en sus roles (trabajo estándar de líderes).

3. Diseñar la oficina de valor y tableros para las revisiones de cada nivel *(andon,* trabajo estándar de líderes, etc.).

4. Analizar el desempeño de la cadena de valor:

   A. Actualizar el tablero de puntuación *(box score)* y los tableros de planta.

   B. Análisis de costos de la cadena de valor.

5. Diseñar cómo trabajará el **nivel 3** (equipo directivo), si el piloto fue exitoso en la fase de despliegue.

1. Definir el personal de nivel 1 y capacitarlo en sus roles

Responsabilidades del nivel 1

> **Equipos de producción o servicio: operadores, encargados de material, técnicos y líderes.**

- Se reúnen al principio y final de cada turno.

- Planifican su día y analizan su progreso hora por hora.

- Toman decisiones en equipo.

- Analizan sus resultados diariamente.

- Resuelven problemas.

Actualizan tablero de nivel 1

Meta   73 unidades   **Fecha:** 02/07/19
Capacidad 10 unidades por hora

Hora	Meta	Real	Acumulado	Tiempo muerto (min)	Tipo	Defectos
8 a 9	10	10	10			
9 a 10	8	7	17	10	Descanso	
10 a 11	10	10	27			
11 a 12	10	5	32	20	Preparación	
12 a 1	5	4	36	30	Almuerzo	
1 a 2	10	11	47			
2 a 3	10	2	49	30	Ruptura	3
3 a 4	10	11	60			
Totales	**73**	**60**		**90**		**3**

2. Definir personal del nivel 2 y capacitarlo en sus roles

Responsabilidades del nivel 2

▸ **Equipos de valor y soporte: gerencia de cadena de valor, finanzas, servicio al cliente, ventas, planificación, ingeniería, calidad y áreas de soporte.**

- Trabajan en la oficina de valor.
- Planifican semanalmente y revisan tablero de puntuación.
- Se reúnen a diario para analizar sus compromisos, rentabilidad, posibles problemas y requisitos.
- Analizan resultados diarios.
- Toman decisiones.
- Resuelven problemas de nivel 2.
- Apoyan al nivel 1.

▸ **Áreas de soporte: calidad, mantenimiento, sistemas, etc.**

- Trabajan en sus procesos como proveedores de servicios internos.
- Planifican semanalmente.
- Se reúnen a diario para analizar sus compromisos, obstáculos, etc.
- Toman decisiones sobre acciones.
- Resuelven problemas de nivel 2.

Tablero de la cadena de valor

Cada cadena de valor o área de soporte debe tener un tablero como el siguiente:

Cadena de valor: nombre

Estrategia

Nuestro proceso

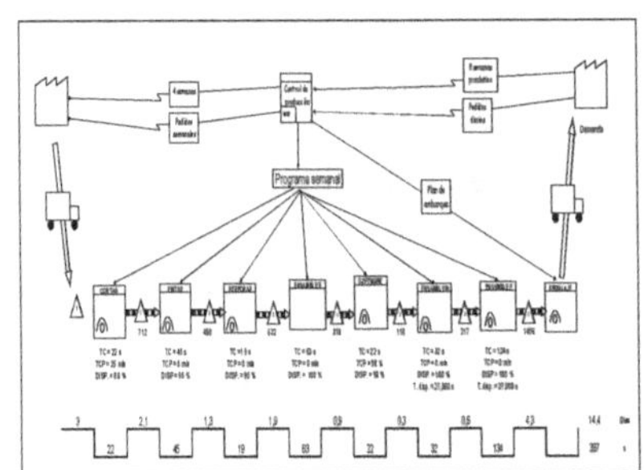

Estructura

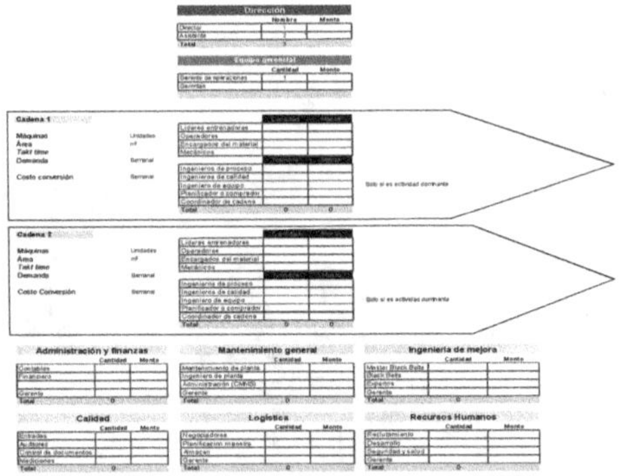

Análisis *Mu* oportunidades

1. Desbalance 54 %
2. Sobre inventario 1,000,000
3. Transportes 2 km
4. Movimientos 14 km
5. Defectos 9 %
6. Sobrecarga: 560 horas extra
7. Variabilidad: Cpk = 1.1
8. OEE 49 %
9. Tiempos cambio > 4 horas

Des. talento

Oportunidades por hacer

Nuestro futuro

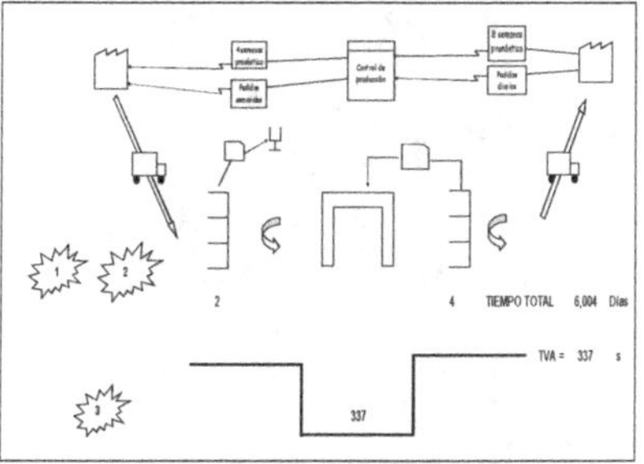

Programa eventos

1. Evento TPM 5 abril
2. Evento SMED 22 mayo
3. Evento m. celular   1 junio
4. Evento ahorro energía 2 julio
5. Sigma Kaizen 16 julio

Resultados

Calidad	Costo	Entrega
Calidad a la primera %/ppm	Productividad por persona	Entregas a tiempo %
Rechazos del cliente %/ppm	Costo de calidad	Tiempo de cambio
Hoja de seguimiento a actividades	Hoja de seguimiento a actividades	Hoja de seguimiento a actividades

Cuadro de mando (Box Score) (Tableros de puntuación)	Objetivo	Cumplimiento	Sem 1	Sem 2	Sem 3	Sem 4	Sem 5	Sem 6	Sem 7	Sem 8	Sem 9	Sem 10
Unidades por persona	21		14	18	18	20	19	23				
Envíos a tiempo	100%		100%	100%	100%	100%	100%	100%				
Tiempo de entrega (días)	4		3	4	1	3	4	5				
Días de puerta a puerta	3		6	12	25	14	9	7				
Calidad a la primera	95%		80%	80%	80%	85%	85%	85%				
Nivel sigma	6		4,10	4,30	4,11	4,32	4,70	4,34				
Costo de no calidad	$ 250		$ 2.346	$ 3.112	$ 645	$ 346	$ 1.245	$ 3.124				
Costo promedio del producto	$ 300		$ 343	$ 337	$ 362	$ 358	$ 337	$ 325				
Valor del inventario	$ 546.000		$3.004.234	$2.334.756	$2.945.885	$2.564.392	$1.945.870	$1.254.975				
Vueltas de inventario	12		4,50	4,80	6,70	7,10	8,30	9.00				
Costo de mantenimiento	$ 580		$ 2.820	$ 645	$ 2.323	$ 926	$ 1.733	$ 758				
Evaluación 5 S	100%		100%	100%	100%	100%	100%	100%				
OEE	86%		70%	73%	75%	79%	81%	81%				
Tiempo de lanzamiento NP (días)	25		42	42	42	42	37	37				
Demanda			29%	29%	29%	28%	28%	28%				
Capacidad de producción			54%	54%	54%	52%	52%	52%				
Capacidad disponible			17%	17%	17%	20%	20%	20%				
Ingresos			$ 432.060	$ 384.870	$ 422.456	$ 389.784	$ 388.458	$ 456.032				
Costo de material			$ 186.000	$ 125.678	$ 167.453	$ 133.456	$ 133.234	$ 197.034				
Costo de conversión			$ 131.200	$ 130.242	$ 132.000	$ 132.426	$ 129.834	$ 111.342				
Beneficio bruto de la cadena de valor			$ 111.850	$ 128.949	$ 123.003	$ 123.872	$ 128.197	$ 147.656				
Retorno de la cadena			25,89%	33,50%	29,12%	31,28%	32,91%	32,59%				

De acuerdo al objetivo planeado   Cerca del objetivo planeado   Lejos del objetivo planeado

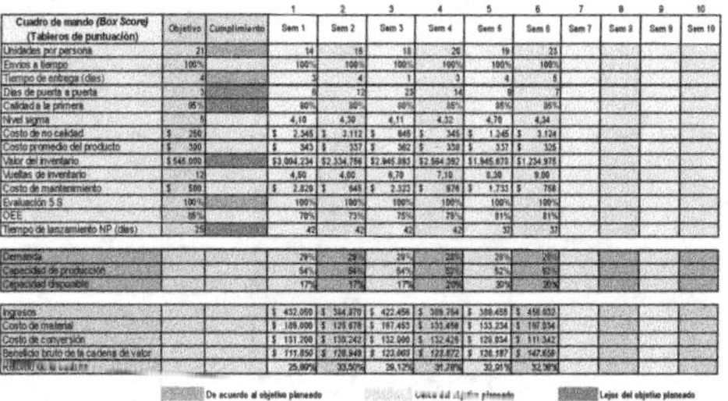

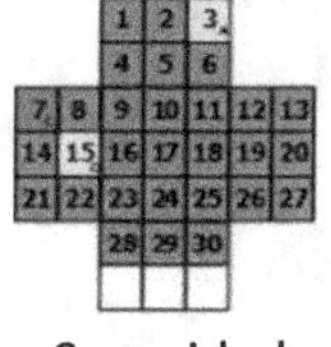

Seguridad

3. Diseñar la oficina de valor y los tableros para las revisiones de cada nivel

Se debe seleccionar un área (**oficina de valor**) en la que los integrantes del equipo de la cadena de valor trabajen.

La sala debe tener:
- Visibilidad a las áreas que generan valor.
- Ubicación estratégica.
- Buena iluminación.
- Estaciones de trabajo para cada integrante.
- Una mesa de reuniones en el centro de la sala.
- Pantalla y proyector.
- Pizarrón para escribir.

Los responsables de la cadena de valor trabajan al 100 % en la **oficina de valor**, con momentos definidos para la revisión de resultados, el análisis y la toma de decisiones.

Responsables y áreas que participan:
- Gerencia de la cadena de valor.
- Ventas.
- Planificación o responsable de compras.
- Responsable de finanzas.
- Ingeniería de procesos.
- Ingeniería de calidad.
- Ingeniería de equipos.

4. Analizar el desempeño de la cadena de valor

A. Actualizar el tablero de puntuación *(box score)*

Box score proporciona:

- Mediciones esbeltas que reemplazan a las tradicionales.

- Métodos para identificar los impactos financieros de las mejoras Lean.

- Un mejor modo de entender el costo de los productos y el costo de cada cadena de valor *(value stream)*.

- Nuevas maneras de tomar decisiones relacionadas con el precio y la rentabilidad.

- Mejores formas de decidir entre comprar o fabricar.

- Una manera de enfocar el negocio alrededor del valor creado por los clientes.

Box Score (tablero de puntuación)	Sem 1	Sem 2	Sem 3	Sem 50
Unidades por persona	14	16	18	20
Envíos a tiempo	100%	100%	100%	100%
Tiempo de entrega (días)	3	4	1	3
Días de puerta a puerta	6	12	23	14
Calidad a la primera	80%	80%	80%	85%
Nivel sigma	4,10	4,30	4,11	4,32
Costo de no calidad	$ 2.345	$ 3.112	$ 645	$ 345
Costo promedio del producto	$ 343	$ 337	$ 362	$ 338
Valor del inventario	$ 3.004.234	$ 2.334.756	$ 2.945.893	$ 2.564.392
Vueltas de inventario	4,50	4,00	6,70	7,10
Costo de mantenimiento	$ 2.820	$ 645	$ 2.323	$ 976
Evaluación 5 S	100%	100%	100%	100%
OEE	70%	73%	75%	79%
Tiempo de lanzamiento NP (días)	42	42	42	42
Demanda	29%	29%	29%	28%
Capacidad de producción	54%	54%	54%	52%
Capacidad disponible	17%	17%	17%	20%
Ingresos	$ 432.050	$ 384.870	$ 422.456	$ 389.754
Costo de material	$ 189.000	$ 125.679	$ 167.453	$ 133.456
Costo de conversión	$ 131.200	$ 130.242	$ 132.000	$ 132.426
Beneficio bruto de la cadena de valor	$ *111.850*	$ *128.949*	$ *123.003*	$ *123.872*
Retorno de la cadena	**25,89%**	**33,50%**	**29,12%**	**31,78%**

- Cada semana se actualiza el tablero de puntuación para identificar oportunidades y saber si se han alcanzado las metas establecidas.

- La reunión de *box score* se realiza cada semana con todos los miembros de la cadena de la valor.

B. Análisis de costos de la cadena de valor

Costo tradicional

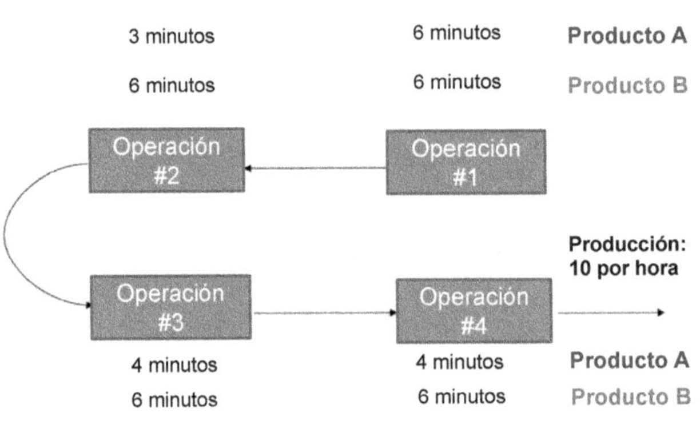

Producto o servicio A

Trabajo = 17 minutos
Tasa de trabajo: $24.23
Tasa GIF: 600 %

Trabajo   = $6.87
Gastos indirectos = $41.19
Materiales = $42
Costo total = $90.06

Producto o servicio B

Trabajo = 24 minutos
Tasa de trabajo: $24.23
Tasa GIF: 600 %

Trabajo = $9.69
Gastos indirectos = $58.15
Materiales = $42
Costo total= $109.84

Lean Accounting

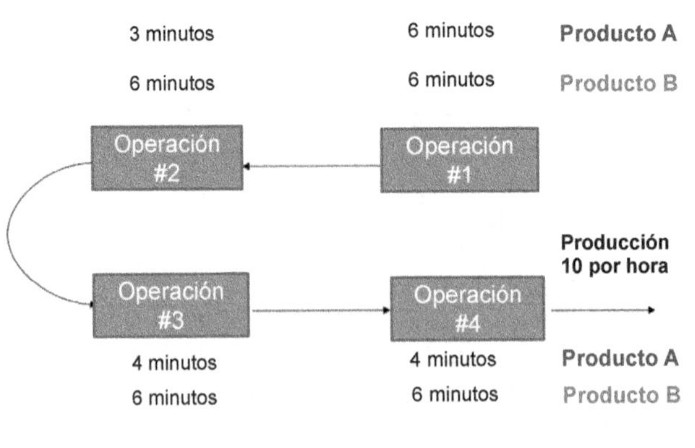

Producto o servicio A

Costo de conversión = $580 por hora
Unidades producidas = 10 por hora

Por unidad
Costo de conversión = $58
Costo de material = $42
Costo total= $100 (costo real)

Producto o servicio B

Costo de conversión = $580 por hora
Unidades producidas = 10 por hora

Por unidad
Costo de conversión = $58
Costo de material = $42
Costo total = $100 (costo real)

Beneficios de Lean Accounting

- Eliminar desperdicios de los procesos administrativos y contables.
- Entender los costos reales de los productos o servicios.
- Desarrollar mejores estrategias de mercadotecnia y ventas.
- Integrar a los miembros de las cadenas de valor en un solo objetivo.
- Orientar la toma de decisiones en relación al valor creado a los clientes y al negocio.
- Entregar estados financieros en plazos semanales que contengan la información necesaria.
- Eliminar burocracia que impide una mejor comunicación y por lo tanto mejores resultados.
- Calcular los beneficios de la implementación Lean Company.

5. Diseñar cómo trabajará el nivel 3 (equipo directivo), si el piloto fue exitoso

Responsabilidades del nivel 3

▸ **Gerentes de cadena de valor, gerentes de soporte y dirección general.**

- Trabajan en la planificación y el seguimiento estratégico.
- Planifican anualmente y revisan resultados mensualmente.
- Se reúnen semanalmente para tomar decisiones, si es necesario.
- Buscan oportunidades fuera del negocio.
- Resuelven problemas de nivel 3.
- Apoyan al nivel 2.
- Realizan caminatas *gemba* (en los procesos) continuamente.

Tablero de resultados de la organización

Directrices	Objetivos estratégicos	Meta	Actual (YTD)	Enero	Febrero
Financiero	EVA	4%			
	ROI	12%			
	RONA	18%			
	$ *Backlog*	$100.000			
	Throughput	$4.010.000			
	Flujo efectivo	$800.000			
Comercial	Beneficio	$2.060.000			
	Ventas	$5.000.000			
	NPS	78%			
	Participación de mercado	22%			
Procesos	Costo de conversión	$1.250.000			
	Costo directo	$990.000			
	Inventario	$650.000			
	Inversión total	$27.364.000			
Personas	NPS interno	90%			
	Clima organizacional	90%			
	Rotación	1%			
	Desarrollo talento	85%			

Cuadro de mando integral

	Marzo	Abril	Mayo	Junio	Julio	Agosto	Septiembre	Octubre	Noviembre	Diciembre

Situación inicial

Centros de trabajo individual

En la empresa ACME se tenía una estructura de trabajo departamental y oficinas separadas. Las personas solo trabajaban en grupo cuando se reunían en la sala de juntas.

Estructura departamental

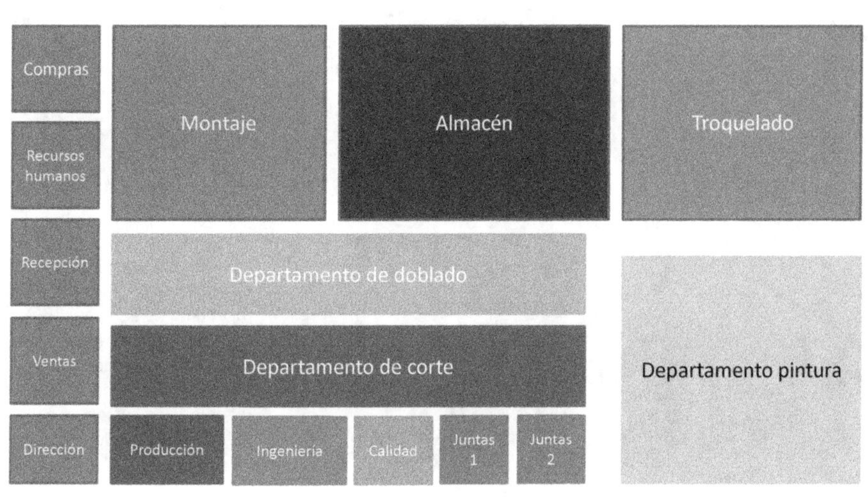

Definición de la cadena de valor piloto

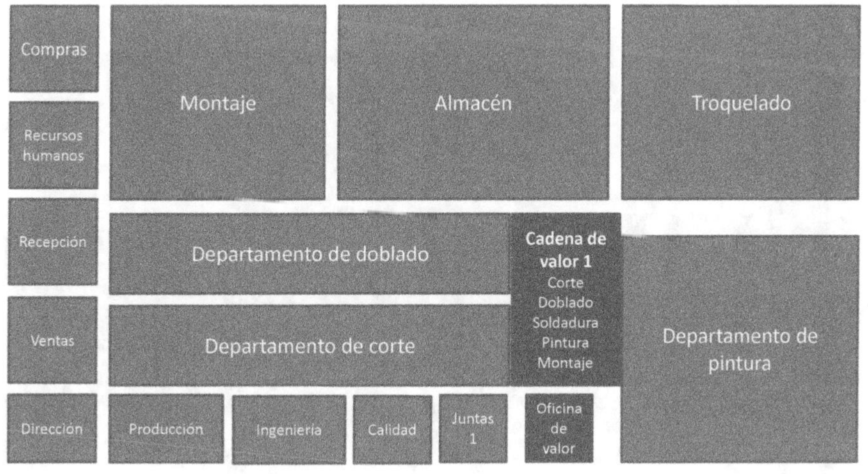

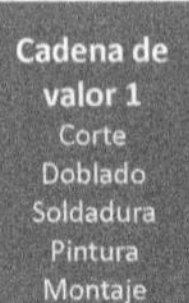

Miembros y áreas que participan
Gerencia de la cadena de valor
Ingeniería de equipos
Ingeniería de materiales
Ingeniería de procesos
Responsable de formación
Ingeniería de costos
Planificación-Compras

Despliegue de todas las cadena de valor

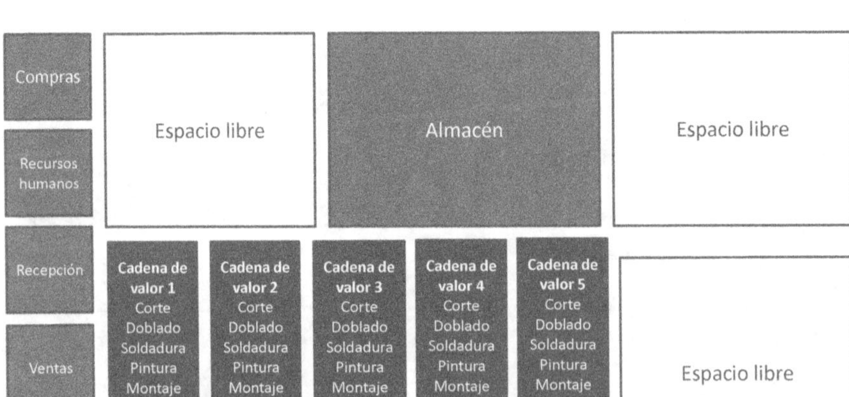

Desarrollo de talento

*«Sabio no es el que sabe mucho, sino el que aplica
lo poco que sabe.»*

Platón

Objetivos

1. Entender la importancia del programa de desarrollo de
   talento dentro de una organización.
2. Comprender el modelo de entrenamiento basado en el
   método de 4 pasos de la instrucción de trabajo.
3. Aprender un método creativo e inteligente para
   transmitir el conocimiento.

Contenidos

> Introducción
> Antecedentes
> ¿Qué es desarrollo de talento?
> Elementos clave
> ¿Cuándo implementar desarrollo de talento?
> Procedimiento para desarrollar el talento
> Beneficios
> Ejercicio

Introducción

- Muchos problemas de **calidad**, **comunicación** y **productividad** no se deben a la falta de tecnología o recursos especiales.

- Lo que realmente se necesita es suficiente tiempo dedicado a **enseñar**, **aprender** y **practicar**.

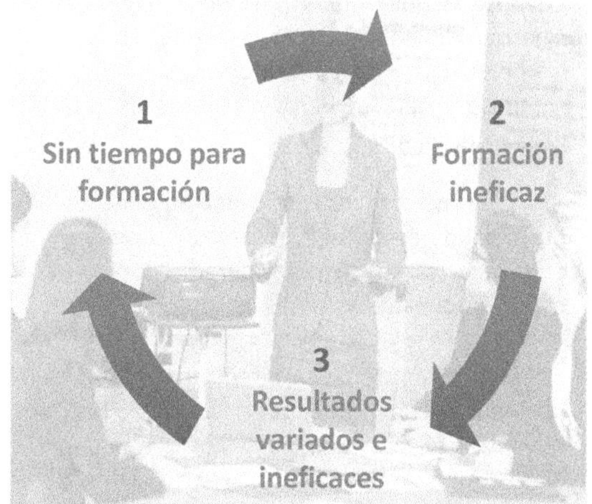

Las personas son el elemento más importante

- Solo las personas pueden **pensar** en cómo resolver los problemas o cómo desarrollar mejoras.

- Solo las personas pueden **entender** a los clientes.

- Solo las personas pueden **mantener** los procesos.

El conocimiento crea el entendimiento, pero solo la práctica crea la confianza.

Antecedentes

- Cuando Estados Unidos entró en la Segunda Guerra Mundial y envió a sus jóvenes al frente, tuvo que seguir produciendo suministros para la guerra y los insumos que el país necesitaba.

- La nueva fuerza laboral, formada en gran parte por amas de casa, no necesariamente eran las personas mejor preparadas para cubrir los puestos vacantes.

- El gobierno impulsó el programa *Training Within Industry* (TWI) para entrenar al personal no cualificado, que sustituiría a los trabajadores que iban al frente.

- El programa TWI preparó formadores que pudieran formar al personal, en cualquier tipo de industria, para desempeñar su puesto de manera eficaz.

- El programa estuvo dirigido a: encargados, supervisores, responsables, ayudantes, jefes de equipo y gerentes.

- Gerentes y supervisores fueron formados en tres áreas de habilidades básicas:
  - Instrucción.
  - Mejora.
  - Liderazgo.

TWI: un programa olvidado

- Al terminar la Segunda Guerra Mundial, Estados Unidos no dio continuidad al programa TWI.

- No se volvió a fomentar el sistema de enseñanza entre las empresas estadounidenses.

Toyota reinicia el camino

- Toyota contrató a uno de los desarrolladores del programa TWI y lo reinventó.

- Toyota produce vehículos y también personas con talento.

- Los procesos están diseñados para ser analizados y enseñados por los líderes, que son quienes retan al sistema continuamente.

¿Qué es desarrollo de talento?

- El desarrollo del talento es una metodología utilizada para desarrollar una **cultura de aprendizaje** al *atraer*, *capacitar* y *retener* empleados.

Elementos clave

Componentes de TWI

Método de los 4 pasos de Charles Allen	TWI			Ciclo PDCA	Método científico
	Instrucción de trabajo	Método de trabajo	Relaciones de trabajo		
Preparación	Preparar al trabajador	Desglosar el trabajo	Obtener los datos	**Planear.** Observar datos y realidad; decidir sobre un problema; definición.	Observación y descripción
Presentación	Presentar la operación	Cuestionar cada detalle	Evaluar y decidir	**Hacer.** Analizar el problema; proponer una contramedida.	Formulación de una hipótesis
Aplicación	Probar el desempeño	Desarrollar un nuevo método	Tomar acciones	**Revisar.** Probar la contramedida; comprobar los resultados.	Uso de hipótesis para hacer predicciones
Prueba	Dar seguimiento	Aplicar el nuevo método	Revisar resultados	**Actuar.** Si tiene éxito, estandarizar el cambio; si no, iniciar el ciclo.	Probar las predicciones mediante experimentos

¿Cuándo implementar desarrollo de talento?

- En el momento que una empresa se pone en funcionamiento.

- Cuando existe algún proceso en el que no se ha desarrollado un procedimiento para enseñar y aprender.

Procedimiento para desarrollar el talento

1. Preparar a la organización.

2. Identificar el conocimiento crítico.

3. Transferir el conocimiento.

4. Verificar aprendizaje y éxito.

1. Preparar a la organización

Evaluar necesidades

- Desarrollar la estrategia *(hoshin kanri)* para centrarse en el conocimiento crítico.

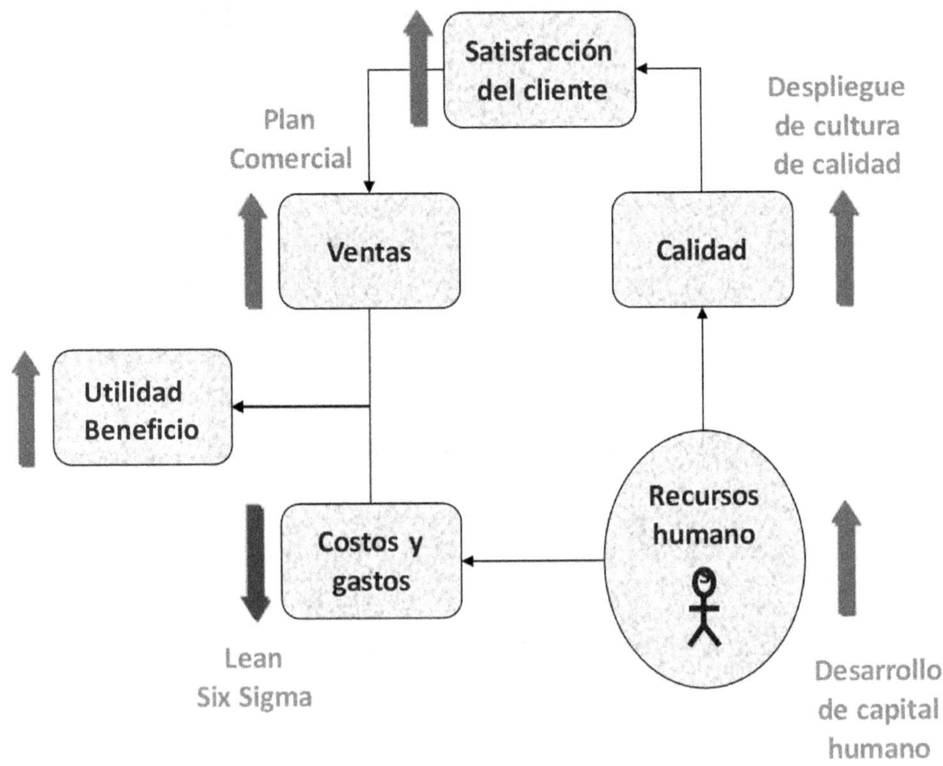

- De acuerdo con los resultados del tablero de puntuación, definir dónde se requiere la formación.

- Los resultados determinarán las áreas de enfoque para el **desarrollo del talento**.

Box Score (Tableros de puntuación)	Sem 1	Sem 2	Sem 3	Sem 50
Unidades por persona	14	16	18	20
Envíos a tiempo	100%	100%	100%	100%
Tiempo de entrega (días)	3	4	1	3
Días de puerta a puerta	6	12	23	14
Calidad a la primera	80%	80%	80%	85%
Nivel sigma	4,10	4,30	4,11	4,32
Costo de no calidad	$ 2.345	$ 3.112	$ 645	$ 345
Costo promedio del producto	$ 343	$ 337	$ 362	$ 338
Valor del inventario	$ 3.004.234	$ 2.334.756	$ 2.945.893	$ 2.564.392
Vueltas de inventario	4,50	4,00	6,70	7,10
Costo de mantenimiento	$ 2.820	$ 645	$ 2.323	$ 976
Evaluación 5 S	100%	100%	100%	100%
OEE	70%	73%	75%	79%
Tiempo de lanzamiento NP (días)	42	42	42	42
Demanda	29%	29%	29%	28%
Capacidad de producción	54%	54%	54%	52%
Capacidad disponible	17%	17%	17%	20%
Ingresos	$ 432.050	$ 384.870	$ 422.456	$ 389.754
Costo de material	$ 189.000	$ 125.679	$ 167.453	$ 133.456
Costo de conversión	$ 131.200	$ 130.242	$ 132.000	$ 132.426
Beneficio bruto de la cadena de valor	$ 111.850	$ 128.949	$ 123.003	$ 123.872
Retorno de la cadena	25,89%	33,50%	29,12%	31,78%

2. Identificar los conocimientos clave

Actividades clave

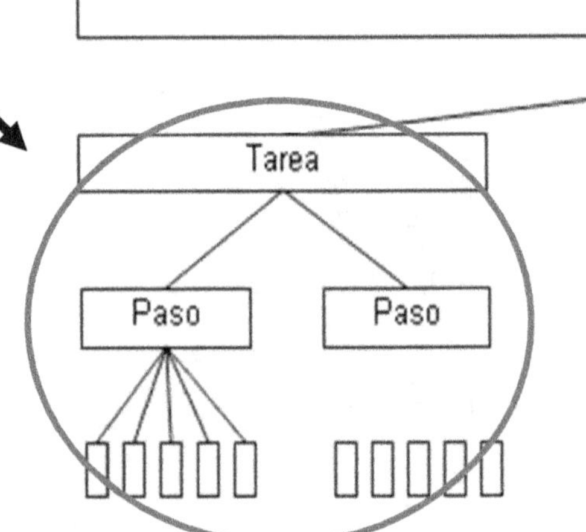

1º Divida el trabajo en tareas individuales.

2º Divida la tarea en métodos estandarizados – pasos claros.

3º Divida los pasos en actividades detalladas para su enseñanza.

Solo el 20 % del conocimiento es clave
para generar el 80 % de los resultados.

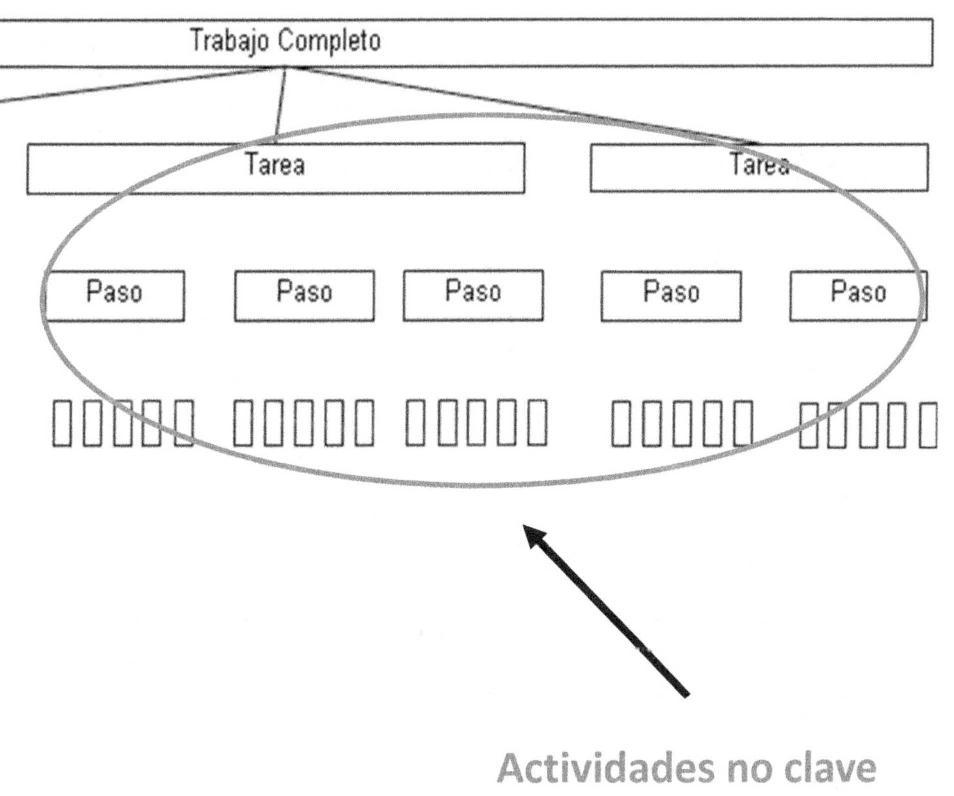

Identificar el conocimiento clave

El conocimiento clave se debe de documentar en un formato
de instrucción de trabajo.

Hoja de desglose de trabajo		
Área Moldeado de parachoc	**Trabajo**	Operador de moldeado de parachoques Desmolde
	Puntos clave	
Pasos importantes	**Seguridad** Evitar lesiones, ergonomía, puntos de peligro **Calidad** Evitar defectos, revisar puntos, estándares **Técnica** Movimiento eficiente, método especial **Costo** Uso apropiado de los materiales	
Paso # 1 Desmoldear el lado derecho del parachoques	1. Agarre las partes superior y trasera 2. Tire hacia fuera 5.08 a 12.70 centímetros 3. Tire hacia abajo despues de estirar hacia fuera	
Paso # 2 Desmoldear el centro del parachoques	1. Empuje hacia abajo con la mano izquierda en medio 2. Mantenga el brazo derecho extendido	
Paso # 3 Desmoldear el lado izquierdo del parachoques	1. Utilice el pulgar izquierdo para empujar a lo largo del borde del parachoques 2. Haga presión en el pliegue del pulgar 3. Empuje hacia el lado izquierdo fuera del molde 4. Agarre el borde superior cuando se libere el parachoques	
Paso # 4 Colocar en la instalación para el recorte	1. Mantenga extendidos los brazos 2. Asegúrese que la compuerta no está doblada debajo 3. El nido de recorte debe estar libre de desechos	
Paso # 5		

LSSI
LEAN SIX SIGMA INSTITUTE

Líder del equipo	Hector Ruiz
Supervisor	Javier Gonzalez
Elaborado por	Pedro Avila
Fecha	08/08/2008

Razones para los puntos clave

1. Fácil de tener un lugar en donde asirlo
2. Menos no funciona, más causará un pliegue
3. Libera el lado del molde

1. Libera el centro del parachoques
2. Tirar del lado derecho al centro causa pliegues

1. Movimiento despegando el parachoques del molde

2. Presión en la punta causara una lesión
3. Liberar el lado izquierdo del parachoques
4. Sostenerlo correctamente previniendo defectos

1. Juntar los brazos plegará el parachoques
2. La compuerta se distorsionará causando sobrante
3. Cualquier desecho causa abolladura y sobrantes

3

3. Transferir el conocimiento

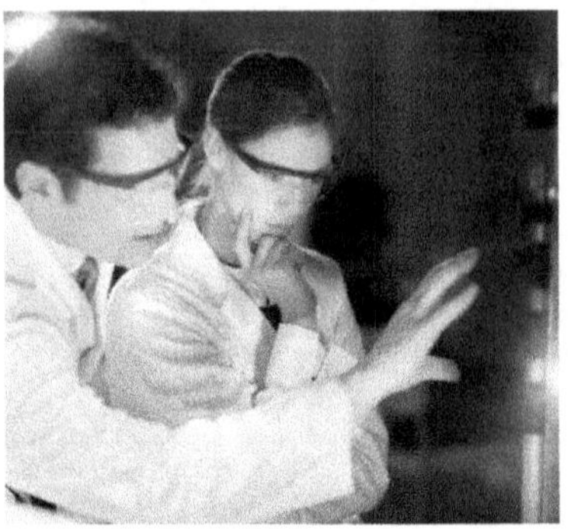

Instrucción de trabajo	
Preparar al personal	
Presentar la operación	
Probar el desempeño	
Dar seguimiento	

Presentar la operación

Método de los 4 pasos:

Paso 1: El instructor realiza la actividad sin hablar.

Paso 2: El instructor realiza la actividad y enuncia los pasos.

Paso 3: El instructor desarrolla la actividad, enunciando los pasos y explicando los puntos importantes.

Paso 4: El instructor realiza la actividad, enunciando los pasos, explicando los puntos importantes y, además, las razones de los puntos importantes.

4. Verificar aprendizaje y éxito

- El seguimiento debe hacerse de forma continua.

- Se debe llevar al estudiante hacia la independencia.

- El líder monitorea continuamente y capacita a cada miembro del equipo.

- El éxito se demuestra en los resultados y no solo en las acciones.

«Porque las cosas que tenemos que aprender antes de que podamos hacerlas, las aprendemos haciéndolas.» Aristóteles

Evaluar el conocimiento y desempeño

Matriz multihabilidades

Cada trabajo tiene que ser aprendido con el mayor nivel de detalle y ser evaluado según las habilidades demostradas en la práctica.

Nombre	Corte	Soldadura	Producción	Montaje	Pruebas	Embalaje	Envío	Total
Adrian Vázquez	1	3	4	0	2	1	1	**12**
Julian Martínez	5	5	5	5	5	5	5	**35**
Roberto Baez	3	4	2	1	5	4	2	**21**
Heriberto Salvatierra	1	0	4	4	2	2	1	**14**

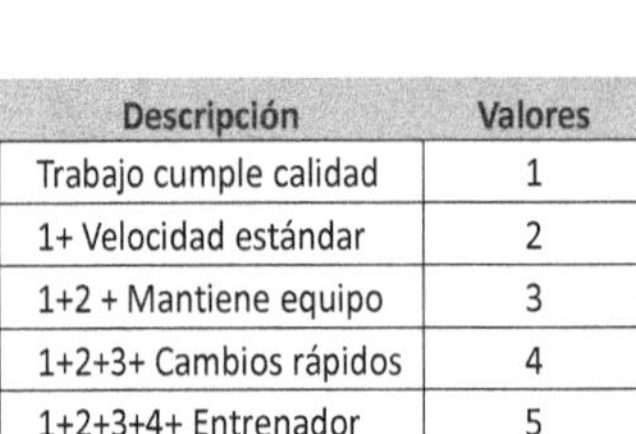

Descripción	Valores
Trabajo cumple calidad	1
1+ Velocidad estándar	2
1+2 + Mantiene equipo	3
1+2+3+ Cambios rápidos	4
1+2+3+4+ Entrenador	5

Tabulador	Salario
1 a 5 puntos	$ 750
6 a 10 puntos	$ 890
11 a 15 puntos	$ 990
16 a 20 puntos	$ 1 025
21 a 25 puntos	$ 1 290
26 a 30 puntos	$ 1 440
31 a 35 puntos	$ 2 000

Beneficios

- Fuerza laboral más estable.

- Reduce accidentes.

- Disminuye el tiempo de formación.

- Transferencia de conocimientos de una mano muy efectiva.

- Conocimiento documentado de procesos críticos.

- Personas dispuestas y motivadas a aprender.

- Calidad insuperable.

Las empresas que han implementado TWI han conseguido mejoras al menos en un 25 % en su productividad.

- Establecer los procesos clave de tu empresa.

- Elegir uno de ellos.

- Establecer los conocimientos clave.

- Documentar el proceso en una instrucción de trabajo.

- Preparar a un instructor.

- Enseñar la operación con el método de los 4 pasos.

- Evaluar el aprendizaje y discutir los beneficios.

**La competitividad
y sus claves**

Antoni Garrell

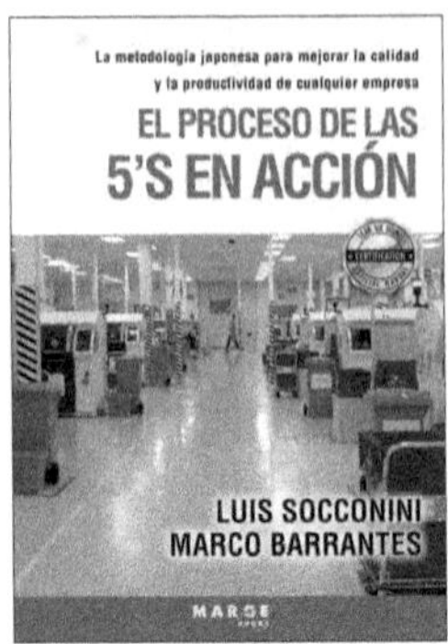

**El proceso de las 5'S
en acción**

Luis Socconini, Marco Barrantes

**Productos y servicios
inteligentes y sostenibles**

Llorenç Guilera, Antoni Garrell

**Manual de estrategia
de operaciones**

Ángel Caja Corral

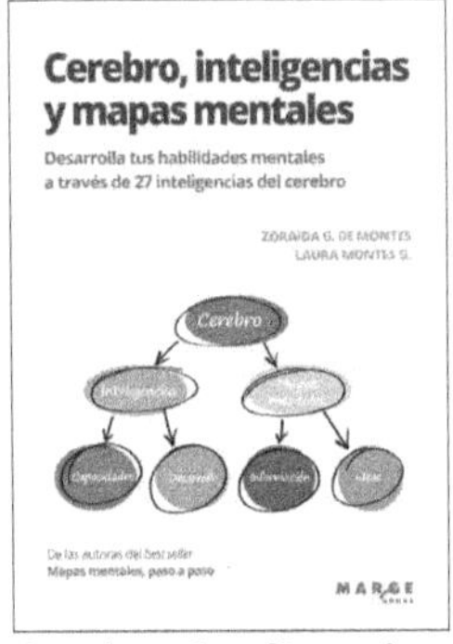

**Cerebro, inteligencias
y mapas mentales**

*Zoraida G. de Montes,
Laura Montes G.*

**Manual del comercio
electrónico**

*Eva María Hernández Ramos,
Luis Carlos Hernández Barrueco*

**Indicadores económicos
en el comercio
internacional**

Òscar Mascarilla Miró

Competencias directivas

Llorenç Guilera

Anatomía de la creatividad

Llorenç Guilera Agüera

Lean Six Sigma. Sistema de gestión para liderar empresas
Luis Socconini, Carlo Reato

Lean Company. Más allá de la manufactura
Luis Socconini

Lean Six Sigma Green Belt, paso a paso
Luis Socconini, Eduardo Escobedo

Lean Energy 4.0. Guía de Implementación
Luis Socconini, Juan Pablo Martín

Lean Manufacturing. Paso a paso
Luis Socconini

Lean Services. Certification Manual
Luis Socconini

Lean Six Sigma Yellow Belt. Manual de certificación
Luis Socconini

Lean Six Sigma Green Belt. Manual de certificación
Luis Socconini

Lean Six Sigma Black Belt. Manual de certificación
Luis Socconini

València, 558 – 08026 Barcelona – Tel. +34-931 429 486 – marge@margebooks.com – www.margebooks.com

www.ingramcontent.com/pod-product-compliance
Lightning Source LLC
LaVergne TN
LVHW080433200726
843507LV00004B/805